똥의 인문학

똥의 인문학 — 생태와 순환의 감각을 깨우다

초판 2쇄 발행 2022년 10월 21일
초판 1쇄 발행 2021년 11월 30일

엮은이 한만수, 오영진
지은이 김성원, 박정수, 소준철, 오영진, 전혜진, 차민정, 최진석, 한만수
펴낸이 정순구
책임편집 이지안, 조수정
기획편집 정윤경 조원식
마케팅 황주영

출력 블루엔
용지 한서지업사
인쇄 한영문화사
제본 한영제책사

펴낸곳 (주) 역사비평사
등록 제300-2007-139호 (2007. 9. 20)
주소 10497 : 경기도 고양시 덕양구 화중로 100(비젼타워21) 506호
전화 02-741-6123~5
팩스 02-741-6126
홈페이지 www.yukbi.com
이메일 yukbi88@naver.com

ISBN 978-89-7696-446-5 03330

이 도서는 2021 경기도 우수출판물 제작지원 사업 선정작입니다.
이 도서의 성과는 정부(과학기술정보통신부)의 재원으로 한국연구재단의 지원을 받아 수행된 연구입니다(CRC: NRF-2015R1A5A7037825).

책값은 표지 뒷면에 표시되어 있습니다.
잘못 만들어진 책은 구입하신 서점에서 바꾸어 드립니다.

똥의 인문학

생태와 순환의 감각을 깨우다

김성원, 박정수, 소준철, 오영진
전혜진, 차민정, 최진석, 한만수
지음

역사비평사

똥의 인문학으로의 초대

지금의 코로나19 팬데믹과 기후위기는 생태에 대한 우리의 무뎌진 감각과 순환의 감수성을 되묻고 있다. '그린뉴딜'의 깃발이 나부끼고 '순환경제'의 구호가 요란하다. 이 느닷없고 어색한 상황에서 내놓는 이 책의 소고小考들은 똥을 주제로 한 인문학적 변주들이다. 우리는 이를 '똥의 인문학'이라고 호기롭게 명명한다. 인문학이 순환의 위기에 말을 거는 것이다.

이 책은 2018년부터 2021년까지 '똥의 순환, 자원의 순환'이라는 주제로 우리가 놓치고 잃어버린 것이 무엇일까 고민해온 사이언스월든 인문사회팀 집담회의 결과물이다. 인간의 똥은 몸이 직접 생산해낸 찌꺼기지만 적절한 퇴비화를 거치면 자연의 시스템 속으로 되돌려줄 수 있는 물질이기도 하다. 똥은 불과 100여 년 전까지만 해도 우리 삶과 밀착되어 순환했다. 이 끊어져버린 순환의 관계를 다시 연결하는 기초를 놓기 위해 각기 다른 분야의 전문가들과 함께 똥과 인간의 관계를 단지 위생학적인 관점이 아닌 다른 방식으로 살펴보기로 했다. 이에 정신분석, 정치경제, 미생물학, 예술, 인류세, 도시공학, 변기공학 같은 공부가 필요했다. 이 책은 그 공부에 대한 기록이다. 나아가 이 책은 우리네 살림에서 버려지는 것, 보려고 하지 않는 것, 말하지 않는 것이 된 똥의 몫을 챙겨, '순환'이 요구되는 시대에 '순환적인 것'을 되짚어보자는 제안이다. 똥의 순환뿐 아니라 똥으로 간주되는 모든 버려지는 것의 순환에 대한 감수성과 상상력을 이 책의 독자들과 함께 만들기를 원한다.

인간이 숱한 기존 '호모-'들의 어느 하나로 규정될 수 없음은 누구보다 조어의 창안자들과 인용자들이 더 잘 안다. '호모-'들은 사람과 기타로 나누는 습관을 따른다는 점에서 하나같다. 사람이 세상의 중심에 고정되고 대상화한 그 밖의 것들만의 연쇄만이 있을 뿐이다. 이름은 달라도 그 순환들은 언제나 한 방향으로만 돈다고 가정된다. 똥의 인문학은 이러한 순환을 닫힌 순환으로 보고, 열린 순환의 관계로 세상의 물질이 돌고 도는 이치를 찾되 인간을 중심에 두지 않는다. 대신 자연 속에서 수행하는 인간의 행위를 중심으로 똥에 대한 고찰을 시작하고자 한다. 그러니까 '똥'이라는 명사보다는, 즉 앞으로 서술할 '누다', '보다', '트다'의 주어보다는 동사 그 자체에 주목하려는 것이다.

'누다'라는 우리말 타동사는 알뜰하다. 말의 쓰임을 놓고 좌고우면할 일도, 뜻을 헤아리려 전전긍긍할 일도 없다. 목적어를 빼도 다 알아듣는다. 이 말 앞에 올 수 있는 단어가 딱 두 개만 허용되기 때문이다. 똥과 오줌이 그것이다. 우리말 사전은 똥과 오줌에 '싸다'라는 동사도 호응하지만, '싸다'가 '누다'에 견줘 격이 낮다고 한다. 똥에 관한 '누다'와 '싸다'의 위계가 흥미롭다. 비록 그것이 용변의 장소나 행위자에 따른 용례일 수 있지만, 우리 조상들의 습관에서 적어도 '누다'의 똥오줌은 '순환적인 것'의 영토에서 제 몫을 가졌다는 해석을 가능케 한다. 굳이 자원의 가치와 오래전부터 똥거름이 동아시아 농경사회에서 널리 쓰였다는 사실을 언급하지 않더라도 말이다.

밥이 하늘이라고 했다. 밥이 중하다면, 더도 덜도 말고 밥만큼 똥도 중해야 옳다. '먹다'는 '누다'를 품고 있고, 그 역도 마찬가지다. 그런데 순환이 강조되는 오늘날 순환적인 것의 영토에서 똥의 시민권은 안녕할까? 수세식 변기에서 누더라도 그 똥은 순환적인 것으로서의 몫을 박탈당한 지 오래다. 도시화와 위생, 자원과 효율, 자본제 시장경제로 정의된 '순환'에서 똥은 오물, 혐오, 차폐, 추방의 '폐기물'에 지나지 않는다. 먹기와 누기의 연쇄는 끊겼다. 잘 먹기는 어쨌든 제 입에 들어갈 것만 요모조모 따지며 알량해졌고, 잘 누기는 위생과 청결로만 계량될 뿐이다. 순환은 왜소해지고, 순환적인 것의 감각은 둔해졌다. 그 결과 쓰레기 대란, 기후위기를 초래했다. 똥의 인문학은 이 모두가 똥을 대하는 우리의 습관에서 비롯되었다고 진단한다.

이 책의 공저자 한만수(3장 「밥-똥 순환」의 차단과 '두엄-화학비료'의 숨바꼭질」)는 동아시아에서 '밥-똥 순환'은 생존의 가장 근본적인 운동이며, 똥에 대한 인식 역시 양가적이었다고 지적한다. 하지만 근대 이후 똥이란 오로지 '더러운 것'이라고만 치부하는 인식이 지배적이었고, 이는 똥에 대한 양가적 인식이 이분법적 인식으로 이행된 것이라고 지적한다.

소준철(2장 「1953~1973년, 서울의 똥」)은 인분을 비료로 이용하려는 방법과 시도가 해방 이후 도시의 확장 속에서도 여전히 있었다는 사실을 밝힌다. 하지만 질소와 인 같은 화학비료의 생산성에 밀려 처치 곤란한 것이 되었다. 여기에 전후戰後 근대화의 흐름과 과학이라는 명분하에 '위생적인 비료'라는 개념이 조성되면서 인분의 활용이 고의적으로 포기된 정황을 포착한다.

근대 이전은 어떠했을까? 최진석(1장 「배설의 신화와 문화」)은 똥과 오줌으로부터 시작한 르네상스 시대의 민중문화, 근대성의 비공식 문화는 삶과 죽음을 우주론적 차원에서 연결 짓는 육체적 사태를 가리킨다고 말한다. 그로테스크 리얼리즘은 이 같은 사태를 포착하기 위한 이름인 바, 그것은 가장 밑바닥의 하부적 가치를 가장 위로 끌어올리고, 또 그 반대의 운동을 가동함으로써 만물을 영원한 변화의 유동 상태로 돌려놓는 운동이다. 흡사 똥과 오줌처럼, 고형화된 사물은 비정형의 유동체로 녹아 흐르며 또 다른 오물의 형태 속으로 스며들어간다.

'현명한 자'라는 뜻의 '호모 사피엔스'를 비롯해 인류를 정의하는 '호모-' 조어들이 많다. 누구는 정신과 능력을 강조하고, 누구는 놀이나 만들기, 또는 경제적인 것과 정치적인 것을 중시한다. 최근엔 '신이 된 자(호모 데우스)'란 말까지 나왔다. '누는 자'는 여기에 또 하나의 조어를 더

하려는 의도와 무관하다. 인류의 특질을 궁리해 도달한 통찰들을 부질없다고 내치려는 만용은 더더욱 아니다. 단지 '누는 자'의 감각에서 다른 이야기가 풀려 나오기를 희망한다. '현명한 자'의 규정은 인간을 현명함으로 환원하지만, '누는 자'에선 사람도 자연도 똥으로 환원하지 않는다. 순환적인 것의 가장자리에 똥과 누기의 몫을 부여함으로써, 열린 순환의 다른 습관을 제안한다. 그것이 쌍방향이어도, 바람결 같은 정처 없는 돎이어도 좋다. 어찌 세상이 한 방향으로만 돌겠는가.

'보다'는 참 성가시다. 눈이 있다고 다 볼 수 있는 것도 아니다. 아는 만큼 보인다 하고, 눈에 보이는 것이 전부가 아니라고도 한다. 보이지 않는 것을 보라는 주문도 있고, 보이지 않는 것은 보려 하지 않기 때문이라는 훈계도 있다. 그만큼 본다는 건 품이 많이 드는 일임에 틀림없다. 주제 사라마구(Jose Saramago)의 소설 『눈먼 자들의 도시』는 '보다'의 성가심을 정면으로 응시한다. "눈이 있으면, 보라. 볼 수 있으면, 관찰하라"는 경구로 시작해 사람들이 모두 하얗게 눈이 먼 세상을 적시하면서 보지 못하는 것에도 등급을 매긴다. 눈이 있어도 보려 하지 않는 것이야말로 최악의 실명失明이라는 것이다. '보다'는 보려 하지 않는 습관까지 아우르기에 성가시다.

『눈먼 자들의 도시』는 코로나 팬데믹의 유비로도 섬뜩하지만 똥의 인문학 텍스트로도 맞춤하다. 누는 자의 실존을 이처럼 정면으로 대한 글이 또 있을까 싶다. 눈먼 자와 똥은 처음부터 끝까지 붙어 다닌다. 똥이 눈먼 자들의 지옥도를 드러내는 소재로만 다뤄지지 않는다는 점이 사라마구 통찰의 미덕이다. 여기서 뿌리는 달라도 하나의 줄기로 보이는 연리목連理木처럼 '보다'와 '누다'가, '눈먼 자'와 '누는 자'가 한 덩어리를 이룬다. 눈이 보일 땐 보지 않고 보려 하지 않은 똥이 눈먼 자들에게는 후각과 촉각으로 비로소 보이기 시작한다. '누는 자'의 개명開明으로 쓰레기를 쏟아낸 '현명한 자'의 경거輕擧와 감염병의 봉인을 벗긴 '신이 된 자'의 망동妄動이 발각되는 것이다.

눈으로 보지 못하게 되어서야 보게 된다는 역설에서 똥은 밥과 동등한 지위를 얻는다. 밥 먹기가 누는 자의 숙명이듯, 똥 누기는 먹는 자의 숙명이다. 나고 자라고 늙고 죽는 뭇 생명은 기실 밥의 수직적 '먹이 사슬'이 아니라 똥의 수평적 '누기 사슬'로 얽혀 있다. 하지만 세상의 이치가 그러함에도 언제부턴가 우리의 순환 감각은 편향되고 일그러졌다. 무한 성장의 신화를 좇는 시장경제학, 수세식 변기와 아름다운 화장실 문화를 진보의 완성쯤으로 여기는 속류정치학, 대량생산·소비의 문제는 외면한 채 친환경과 재활용을 강조하는 소비생태학 등은 먹는 자의 닫힌 순환을 대표한다. 똥의 인문학은 누는 자의 열린 순환이라는 다른 이야기를 제안하는 것이다.

전혜진(4장 「더러운 똥, 즐거운 똥, 이상한 똥」)은 프로이트를 통해 똥이 무의식적 층위에서 욕망의 대상이라고 주장한다. 아이의 똥은 배설 쾌락을 경유한 최초의 자기 생산물이면서 금기시되는 대상이라는 점에서 양가적이고, 고통스러운 즐거움 혹은 즐거운 고통을 준다. 똥을 누는 아이는 나르시시즘적 욕망과 카타르시스에 휩싸인다. 이러한 똥의 양가성을 억압하고 금기된 대상으로 전락시키는 것이 문명이고, 어른 세계라는 것을 지적한다. 선물로서의 똥을 다시 바로 보고, 이를 순환시켜야 할 의무가 우리에게 있다.

오영진(8장 「행성적 차원에서 인간의 배설과 순환을 생각하기」)은 똥을 전 지구적 물질대사의 측면에서 바라보아야 한다고 지적한다. 과학기술이 오늘날과 같은 불균형을 낳고 똥을 낭비하게 만들었다면 그 반대의 지점에서 과학기술이 응수할 수 있음을 주장한다. 똥을 똥으로만 보지 않고, 우리 주변의 물질대사의 일부로 보는 일. 이러한 보기를 통해 우리는 똥을 버리지 않고 순환시킬 수 있다고 말한다.

똥의 인문학은 누는 자의 등 너머로 닫힌 순환들을 보고, 순환적인 것을 관찰하는 회집會集의 초대라 하겠다. 우리의 초대장에는 앞서 언급한 사라마구의 인용 경구에 하나를 추가한다. "눈이 있으면, 보라. 볼 수 있으면, 관찰하라. 그리고 관찰할 수 있으면, 트라."

'트다'란 말은 살뜰하다. 멀뚱한 사이를 허물없이 만들 때도, 위계적이거나 물리적인 장벽에 소통의 통로를 낼 때도 '트다'가 제격이다. 서로 눈높이를 맞춘다는 점에서 '트다'의 살뜰함이 각별하다. '트다'는 열린 순환의 실천인 셈이다. '보다'를 매개로 '누다'와 '트다'를 겹치면 똥의 순환적인 감각은 알뜰살뜰해진다. 말을 트듯 똥을 트는 것이다. 똥의 인문학은 봉건시대를 방불케 하는 분과학문의 닫힌 학제부터 '누는 자'의 눈높이로 트고자 한다.

경주 선덕여고의 한 선생님은 퇴비 변기를 쓰는 학생 동아리를 지도하면서 이런 일화를 기억에 새겼다. 어느 날, 동아리 학생 하나가 헐레벌떡 선생님을 찾았다. 학생은 다짜고짜 울상으로 물었다. "선생님, 저 설사하는데요, 변기 써도 되나요?" 선생님의 답변은 이랬다. "당근이지. 설사 똥이 퇴비 만들기엔 더 좋아." 학생은 환하게 바뀐 낯빛으로 돌아갔다. 그 학생에 그 선생님이다. 선생님의 덧말이 흥미롭다. "생태변기 동아리를 하면서 똥을 공공연하게 입에 올리자 교사와 학생, 학생과 학생 사이의 대화에 거리낌이 사라졌다!" 우리는 이를 '똥 트기'라 부른다.

박정수(5장 「똥-돈-삶」)는 어린 딸의 육아일기를 통해 부모 자식 간에 똥 트는 일로 타자를 발견했음을 증언한다. 똥은 아이에겐 세상에 대한 선물이며, 이 선물에는 응답이 중요하다. 반대로 타자에 대한 혐오는 냄새나 분비물의 은유를 통해 확산된다. 이 명제는 똥을 트는 행위가 타자를 수용하는 첫 번째 단계가 된다는 말이다.

차민정(7장 「아이들은 왜 똥을 좋아할까」)은 어린이 대상의 똥 박물관 큐레이터로 일했던 경험을 토대로 아이들이 똥을 좋아하는 이유를 차근차근 설명한다. 똥은 천진함의 대명사이며 웃음과 공동성을 마련하는 매개가 된다. 아이들이 똥을 좋아하는 것처럼, 어른들도 똥을 좋아할 수 없을까. 그가 우리에게 던지는 화두이자 질문이다.

김성원(6장 「수세식 화장실, 그 적정하지 않은 기술」)은 세계 각국의 화장실 사정과 변기 기술에 대해 설명한다. 이를 통해 각 나라의 변기가 그들의 형이하학적 사고방식을 드러내고, 자연과 관계 맺는 방식을 알 수 있다. 변기는 개인적인 것이 아니라 대개의 경우 공유하는 것으로, 변기의 디자인을 통해 똥의 공동체는 재설계될 수 있다.

　　똥을 트면, 밥을 먹으면서도 똥을 입에 올리는 것이 예사로워진다. 똥이 식욕에 아무런 영향을 주지 않는다는 사실에 놀랄 것이다. 밥 먹으면서 똥 얘기 하지 말라는 관습의 가면을 벗고 식탁을 마주한 이들은 '누는 자'로 다시 만난다. 관습에 가로막혔던 관계가 순환하는 것으로 바뀐다.

　　어떤 분과학문도 누는 자들이 연구하고, 누는 자들을 연구하지 않는 것이 없다. 하지만 어떤 분과학문도 연구하는 자든 연구되는 자든 누는 자의 몫과 자리를 허락하려 하지 않는다. 어떤 상아탑도 누는 자를 고려하지 않은 곳이 없지만, 사실상 누는 자를 추방하고 똥을 금기어로 삼지 않은 분과학문도 없다. 보려 하지 않아서 보이지 않는 '눈먼 자들의 분과학문'이라면 지나친 말일까? 똥의 인문학이 분과학문의 나뉜 생각과 궁리의 칸막이를 두드리며 똥 트기를 제안하는 이유가 여기에 있다.

　　똥의 인문학은 사람만이 아니라 코끼리에서 박테리아에 이르는 모든 누는 자와, 누는 자의 생명을 떠받치는 터전으로까지 순환의 영역을 확장하는 기치로 똥을 내세운다. 하지만 우리는 똥의 인문학이 기승전 '똥'의 환원주의나, 분과학문을 똥으로 통섭統攝하자는 무작스러운 주장으로 오해되는 것을 경계한다. 분과학문의 성취와 지혜가 누는 자의 눈높이에서 살갑게 똥을 트고, 서로 어울려 순환적인 것을 웅성거리게 함으로써 성장과 발전과 행복과 위기에 관해 다른 이야기로 전개되기를 희망한다. 그래서 똥의 인문학은 발산적이다. 누는 자의 발산적 순환 혹은 순환적 발산으로서 말이다.

—유니스트 사이언스월든 인문사회팀

1장 | 배설의 신화와 문화

: 르네상스 민중문화에 나타난 똥과 오줌의 이미지

1. 육체와 감각의 복권

르네상스(Renaissance). 프랑스어로 '재생', '부활'을 뜻하는 이 단어를 한 번도 들어보지 못한 사람은 없을 듯하다. 상품의 이름이나 상호명으로도 널리 쓰이고, 개인이나 단체의 쇄신을 알리기 위해 언론에서도 자주 사용하기 때문이다. 특히 한국의 대중사회에서는 시오노 나나미가 쓴 일련의 저술들을 통해 르네상스의 예술과 문화가 널리 알려지게 되었다. 이탈리아와 르네상스에 대한 그녀의 책은 중·고교 세계사 교과서에 나온 내용을 더욱 풍부하고 자세하게 펼쳐놓은 것으로, 우리가 이미 알고 있던 이야기이기도 하다. 그만큼 르네상스는 우리에게 익숙한 단어이다. 그렇다면 르네상스란 무엇인가?

우선 '재탄생'의 의미를 살펴보자. 무엇이 다시 태어났다는 뜻인가? 바로 인간의 미적 가치다. 고대 그리스와 로마의 신화는 신들의 이야기만은 아니었다. 고대인들에게 익숙한 일상의 담소거리였던 이 신화에는 신들 못지않게 인간의 이야기가 펼쳐진다. 예컨대 신과 인간은 서로 사랑하고 미워하며, 질투하기도 하는 감정의 존재다. 인간에게 반한 신이 구애하기도 하고, 신을 속여 초인적 능력을 획득한 인간도 등장한다. 여기서 신은 그다지 전능하지도 않고 전선全善하거나 전지全知하지도 않은, 평범한 인간의 모습에 더 가까워 보인다. 이를테면 트로이전쟁의 기원은 헤라와 아테나, 아프로디테라는 세 여신이 '가장 아름다운 여신에게'라고 적힌 황금사과를 차지하려는 다툼에서 비롯되었다. 세 여신은 미의 심판관으로 파리스라는 미남 청년을 골랐는데, 왜 신들이 자신들의 미모 경쟁에 인간을 심판으로 삼았는지 의아하고도 흥미롭다. 아무튼 신과 인간은 이렇게 어울려 지냈는데, 인간의 형상을 흉내내어 신들이 존재했다고 말해도 무리가 없을 성싶다. 인간의 육체는 부끄러워할 대상이 아니었고 있는 그대로의 모습으로 상찬을 받았는데, 이는 인간의 몸을 흉내낸 신들의 조각상에서 여실히 드러난다.

반면, 중세는 인간의 육체가 억압받고 멸시받는 시대였다. 성서 속 아담과 이브를 묘사할 때조차 성기를 나뭇잎으로 가리는 등 보여주어서는 안 될 치부로 간주했다. 벗은 몸이란 야만과 미개, 이교적 관습으로 터부시되었으며, 밝은 햇빛에 내놓아서는 안 되는 부끄러운 대상이었다. 육체적 쾌락은 죄악과 결부되어 단죄되었고, 오히려 육체는 자책과 자학의 대상이 되어 상처내고 괴롭힐수록 천국에서 보상받는다고 믿어졌다. 고대 그리스와 로마의 문화유산들, 특히 인간의 몸을 찬양했던 수많은 조각품과 그림은 불경하고 더러운 것으로 힐난받으며 제거되었다. 기독교적 세계관이 지배적이었던 중세는 육체에 대한 분노와 경멸, 무시로 신앙의 진실성을 드러낼 수 있다고 믿었던 시대였다. 이 같은 분위기가 바뀐 것은 14세기부터 시작된 르네상스였으며, 세속적 세계관이 등장하면서 육체의 아름다움과 자유로운 쾌락의 추구가 더는 죄악에 물든 것으로 비난받지 않게 되었다. 또한 신이 주신 육체를 순수하고 즐겁게 향유하는 것이야말로 신을 즐겁게 하는 것으로 여겨졌다.

이와 같은 인간의 복권, 인간의 육체와 감각, 있는 그대로의 신체적 쾌락의 긍정은 '인간의 시대'로서 르네상스를 특징짓는다. 휴머니즘이 바로 그것이다. 그러나 주의하자. 르네상스 휴머니즘은 무엇이든 하고 싶

은 대로 하고, 즐기고 싶은 대로 즐기라는 무제한적인 자유의 허가장이
아니었다. 오히려 그 반대였다. 육체와 쾌락에 대한 옹호는 정신적인 고
상함을 전제했을 때만 허락되었다. 감각의 즐거움을 누린답시고 마음껏
먹고 마시고 자는 것은 오만과 방종의 표시로서 금지되었다. 절제와 균
형, 조화가 육체의 법칙으로 새롭게 등극했으며, 쾌락의 향유는 육체보다
정신이 우위에 있음을 인정하는 만큼만 허용되었다. 정상성의 범주를 벗
어나는 것은 그 어떤 것도 허락되지 않았고, 제약 없는 쾌락은 엄격히 감
시받고 통제받아야 할 대상으로 여겨졌다. 르네상스적 미의 이상이란 아
름다움의 척도를 벗어나지 않는 조건에서만 추구될 수 있었던 셈이다.

2. 균형과 조화, 절제의 미학적 이상

근대 문화가 화려하고 우아한 꽃을 피운 최초의 시대로 르네상스가
지목된 것은 실상 아주 오래된 일이 아니다. 19세기 후반, 독일의 문화사
가였던 야코프 부르크하르트(Jacob Burckhardt)는 『이탈리아 르네상스의
문화』(1860)라는 책에서 14~16세기 이탈리아의 도시국가들을 일종의 예
술작품처럼 묘사하며 이 같은 이미지를 창출해냈다. 그에 따르면 이 시
기 이탈리아의 르네상스는 특출난 개성을 지닌 정치가와 예술가, 문화
적 영웅들이 나타나 중세와는 다른 사회적 풍토를 다져놓았다. 심지어
그는 국가 자체를 르네상스의 예술품이라 부르며 체사레 보르자(Cesare
Borgia) 같은 잔혹한 군주를 찬양하기도 했다. 무엇보다도 예술작품의

독특한 미학적 가치야말로 르네상스를 특징짓는 것으로서, 그 핵심에는 '완전한 인간'에 대한 존경이 자리 잡고 있었다. 전인(universal man) 혹은 개성적 인간이 바로 그것인 바, 부르크하르트는 이렇게 썼다. "13세기 말 무렵 이탈리아에는 개성들이 넘쳐나기 시작한다. 개인주의를 향한 길이 이미 완전히 열렸다. 수많은 개별적인 얼굴이 끝도 없이 스스로를 특별한 존재로 만들었다. … 14세기 이탈리아는 … 누구나 거리낌 없이 자기가 다른 사람과 실제로 다르고, 다르게 보인다는 것을 드러냈다." 개성적인 인간의 시대, 그것이 근대의 시작이며 르네상스의 이상적 인간상이었다.

개성을 가져라, 즉 다른 누구보다도 '너 자신이 되라'는 명령은 르네상스의 지상 과제였다. 그것은 타인과 구별되어야 한다는 개인의 숙제였고, 여기에 르네상스 미학의 핵심적 특징이 녹아 있다. 나의 신체는 너의 신체와 다르고, 나의 몸은 이상적인 육체의 형상에 맞추어 재단되어야 한다. 예술가들이 아름다운 신체의 사이즈와 모델을 제시하면, 개인은 그것에 맞추어 자신을 다듬고 형성해갈 줄 알아야 새로운 시대에 걸맞은 인간에 들 수 있었다. 전인全人, 즉 보편적 인간이란 바로 그 같은 미와 조화의 척도에 어울리는 사람이었다. 휴머니즘이 표현된 이상화된 인간이 그것이다. 예를 들어, 산드로 보티첼리(Sandro Botticelli)의 〈비너스의 탄생〉을 보자. 백옥 같은 살결에 휘날리는 금발머리, 다소곳이 자신의 은밀한 부위를 감추는 양손의 모양새는 당시 아름다움의 기준을 짐작하게 한다. 신체의 사이즈와 비율, 얼굴의 표정과 자세, 묘사되는 인물의 위치와 그림의 분위기는 르네상스 미학의 지향점을 분명히 적시하고 있다.

보티첼리, 〈비너스의 탄생〉

하지만 르네상스적 휴머니즘의 인간상과 미학에 대해 더 정확히 알
기 위해서는 보티첼리의 〈자화상〉도 잘 살펴보아야 한다. 그때는 많은
예술가가 자신의 자화상을 그리곤 했다. 그런데 자화상을 과장된 아름다
움으로 치장하기보다는 자기 시대의 미학적 기준에 부응하는 방식으로
묘사했다는 점을 눈여겨봐야 한다. 보티첼리는 자신을 단정한 용모와 균
형 잡힌 몸매, 절제된 시선과 표정으로 정면을 바라보는 방식으로 묘사
했는데, 장식성이 가득한 비너스의 이미지와는 사뭇 다른 묘사 방법이라
할 만하다. 그러나 이 자화상 속 보티첼리의 모습은 당당하고 자신만만
한 예술가의 자부심과 위엄이 가득하다. 수수함은 거꾸로 화가의 겸손과
정직의 표현으로 여겨지고, 우아한 미적 규준의 표방으로 읽히기에 충분

보티첼리, 〈자화상〉

하다. 그렇다. 르네상스의 미학이란 이처럼 치밀하게 잘 통제된 인간과
세계, 상상력과 표현의 미적 충만성을 보여주는 데 있었다.

3. '다른 르네상스', 살아 있는 인간을 찾아서

반전은 이제부터다. 르네상스의 예술에서 아름다움의 원리는 절제와
조화에 있었고, 이는 균형 있게 다듬어진 형태의 유지와 보존에서 절정
에 도달한다. 원칙적으로 이 같은 미학은 유동체와 변형을 용납하지 않
는다. 무미건조할 정도로 정제된 사물과 인간, 흐트러짐 없이 깔끔하게

마무리된 형상의 추구야말로 이 시대의 예술성을 판가름하는 절대적 척도였다. 하지만 살아 있는 인간의 육체와 감각은 변화한다. 건강하고 활기찬 청년기가 지나면 주름살 잡히고 제대로 기능하지 않는 노년의 신체를 가질 수밖에 없다. 무엇보다도 그 같은 인생을 살아가기 위해서는 먹고 마시고 잠잘 뿐만 아니라 똥과 오줌을 싸지 않을 수 없다. 저토록 아름다운 비너스도, 그녀가 음식을 먹고 잠을 자며 생존하기 위해서는 일상의 영역을 통과해야 하며, 위무 당당한 젊은 예술가도 성의 쾌락과 허무, 변비의 괴로움과 질병의 고통을 겪어야 한다. 그중 똥과 오줌은 어느 누구도 피할 수 없는 생명의 필연적 원리이니, 이상하고도 이상한 노릇이다. 왜 르네상스의 개성과 전인, 미학의 지고한 원리는 똥과 오줌에 대해 언급하지도, 묘사하지도 않았을까? 도대체 무엇이 문제인가?

똥과 오줌이 더럽고 냄새나는 분비물이란 점은 의심의 여지가 없다. 사회생활을 하는 누구라도 똥오줌을 자신의 정체성으로 받아들이길 원치 않을 듯싶다. 하지만 그 이상의 이유, 똥오줌을 미적 재현의 대상으로 받아들이지 않는 비미학적인 이유는 어디에 있었을까?

르네상스의 이상적 인간상은 휴머니즘의 이데올로기에 따라 추상화된 인간의 형상에 의거한 것이었다. 알다시피 우리 모두는 인간이지만 그 누구도 인간을 만나본 적은 없다. 우리는 각자 누구누구로 실존할 뿐, 추상적 개념으로서의 인간으로는 살지 않기 때문이다. 그리고 인간 그 자체는 먹지도 자지도 않고, 성의 즐거움을 누릴 수도 없을뿐더러 똥과 오줌을 누지도 않는다. 그것은 관념상의 존재이며, 그런 존재의 관념을 캔버스에 옮겨놓은 것이 비너스이자 보티첼리의 초상 아니었을까? 미학적 인간의 성립은, 동시에 추한 인간이라는 부정적 형상을 배제함으로써 탄생하게 된다. 후자의 특징은 오물이라 할 수 있는 바, 똥과 오줌, 체액 등으로 대표되는 분비물은 정형화된 형태를 지니지 않은 유동체이며, 굳거나 딱딱해지면서 또한 녹아 질척거리는 비정형의 상태에 가까운 대상이다. 한마디로, 균형과 비율의 미적 척도에 부합하지 않는 무정형의 사물이 똥과 오줌인 것이다.

의문이 들지 않을 수 없다. 과연 르네상스인들은 똥과 오줌의 존재를 몰랐던가? 혹은 배변활동을 전혀 하지 않았던 걸까? 그럴 리가! 르네상스의 통상적 이미지는 19세기 독일의 문화사가에 의해 만들어진 측면이 크다. 우아하고 고귀한 모습으로 뒤덮인 그의 묘사가 아무리 멋질지라도 그것은 삶의 일면에 불과하다. 고상하고 우미한 문화, 상류층의 고급문화만이 그의 시선에 포착되었을 뿐, 하층계급의 일상생활은 전혀 눈에 들어오지 않았다. 아니나 다를까, 역사에 제대로 기록되진 않았으나 간접적 자료들을 통해 조명해보면 풍요로운 민중문화가 그 모습을 드러낸다. 거기에는 똥과 오줌이 자연스럽게 나올 뿐만 아니라 심지어 주인공처럼 등장하는 경우도 적지 않다. 고급스런 미학 원칙에서는 배제되었던 신체 하부와 배설의 서사는 민중적 삶에서 배척당하거나 거부되지 않았으며, 오히려 생활의 일부로서 친숙한 이미지로 묘사되었다.

러시아의 문화학자 미하일 바흐친(Mikhail Bakhtin)은 16세기 프랑스 르네상스 시대의 이인異人 프랑수아 라블레(François Rabelais)의 문학작품에서 그 흔적을 찾으려고 한다. 물론 라블레는 당대 최고의 재사로서 의학과 법학 등에서 최고 수준의 지식을 갖추었으며, 정치에도 발을

미하일 바흐친   프랑수아 라블레

들여놓은 적이 있는 공식 문화의 수혜자이기도 했다. 그러나 당대의 문학 일반이 그러했듯 그의 문학세계는 근대적 의미에서의 순수한 창작, 곧 독창성을 기반으로 성립한 게 아니었다. 오히려 그는 당시에 떠도는 이야기들, 민중의 구전설화, 마법과 유흥, 여행이 혼합된 잡서들을 잘 알고 있었고, 그 비공식적인 서사들을 한데 모아 자신의 소설을 집필했다.[1] 그것은 무엇이 상류층 교양에 어울리고 어울리지 않는지, 과학적이고 과학적이지 않은지, 절제와 균형의 조화로운 이상에 걸맞은지 아닌지를 따지고 배제하는 과정이 아니었다. 오히려 그가 보고 들었고, 읽고 생각했던 세계의 모든 지식, 권력자와 지식인으로 환원되지 않는 민중의 집단

---

1 이렇게 탄생한 작품이 『가르강튀아와 팡타그뤼엘』이다. 거인 가르강튀아와 그의 아들 팡타그뤼엘의 기괴한 행적을 다룬 판타지로, 가르강튀아와 팡타그뤼엘의 탐닉과 방종을 통해 중세 기독교 질서 안에 만연했던 부조리를 신랄하게 비웃었다.

적 목소리를 충실히 복기한 보고서나 다름없었다. 우리는 이 현상을 똥과 오줌에 대한 그의 기술에서 확인해볼 수 있다.

4. 라블레와 민중문화 혹은 똥과 오줌의 존재론

똥의 미학, 풍자와 저항의 유희

똥 누는 자, / 설사하는 자, / 방귀 뀌는 자, / 빠져나온 / 똥덩어리를 / 우리에게 / 뒤덮는다. / 더럽고 / 냄새나고, / 뚝뚝 떨어지는, / 만일 너의 / 벌어진 / 모든 구멍을 / 떠나기 전에 닦지 않으면 / 성 앙투안의 불길이 너를 태워버리리라! …

어느 날 똥을 싸며 / 내 엉덩이에 진 빚 냄새를 맡았네. / 그 냄새는 생각하던 것과는 다른 것이었지. / 나는 그 냄새에 완전히 절어버렸네. / 오! 만일 기다리던 처녀를 / 내게 데려왔더라면, / 똥을 싸며! / 그녀의 오줌 구멍을 체면 차리지 않고 / 손봐줄 수 있었을 테니까. / 그동안 그녀는 손가락으로 / 내 똥구멍을 막아주었을 텐데. / 똥을 싸며. …

오, 이 꼬마 녀석, 너는 분별력이 뛰어나구나. 정말이지, 언젠가 너를 즐거운 학문의 박사로 만들어야겠구나.

— 『가르강튀아』 제13장, 「그랑구지에는 어떻게 밑 닦는 법의 발명에서
가르강튀아의 놀라운 지적 능력을 알게 되었는가」

『가르강튀아』에 그려진 삽화 　바보 왕의 이미지는 한편으로 무능한 통치자에 대한 신랄한 비판이지만, 다른 한편으로는 양껏 먹고 원하는 대로 행동하며, 노동의 고역에 시달리지 않은 채 삶을 즐기고 싶은 민중 욕망의 표현이다.

대체 무슨 정신으로 나누는 대화인지 알 수 없을 지경이다. 이전까지 이 장면은 왕가의 자손인 가르강튀아가 제왕학을 교습받으며 나누는 어리석은 대화로, 군주의 영명함이 아니라 멍청함을 풍자적으로 보여주는 것이라 해석되어왔다. 틀릴 리 없다. 하지만 근대 사회의 정치적 교양은 권력자를 비판하기 위해 똥과 오줌을 들먹이지는 않는다. 비록 추잡스럽게 여겨질지언정 권력의 자리에서 끌어내는 혁명적 파열은 일으키지 못할 테니까. 하지만 민중에게 똥 싸고 오줌 누는 권력자를 그리는 것은, 한마디로 유쾌한 카타르시스의 경험이다. 그것은 권력자의 권위를 끌어내리고 친숙하게 만들며 무섭지 않게 한다. 보라, 저들도 우리처럼 똥을

팡타그뤼엘의 어린 시절

누고 오줌을 싼다! 괴물이 아니며 인간이고, 우리와 똑같은 존재다! 이런 유쾌한 조롱과 동일시보다 권력자에게 더 불쾌한 항거가 있을까? 다음 장면을 눈여겨보자.

(어떤 것으로 대변을 닦는 게 가장 좋았느냐에 답변한다면) 결론적으로 말씀 드리자면, 머리를 다리 사이에 붙들고 있기만 하면, 솜털이 많이 난 거위 만 한 밑닦개가 없다고 단언하고 주장하는 바입니다. 명예를 걸고 드리 는 말씀이니 제 말을 믿으세요. 왜냐하면 솜털의 부드러움만큼이나 거위 의 적당한 체온으로 엉덩이 구멍에 놀라운 쾌감을 느낄 수 있고, 그 쾌감 은 직장과 다른 내장으로 전해져서 심장과 뇌가 있는 곳까지 이르게 되

기 때문이지요. 이 세상의 노파들이 말하듯이, 천국에 사는 영웅들이나 반신반인들이 수선화, 신들의 음식과 술에서 천상의 행복을 맛본다고 생각하지 마세요. 제 의견으로는 천상의 행복은 거위로 밑을 닦는 데 있고, 이것이 스코틀랜드의 존 선생의 의견이기도 합니다.

무엇으로 똥을 닦는 게 가장 행복한가? 근대인의 시선으로는 전혀 가치 없고 경멸스런 이 문답에서 내놓은 답은 단지 동물학대나 어리석음의 극치만이 아니다. 순수하고 아름다운 것을 더럽고 밑바닥에 놓인 것과 접붙이는 것, 그로써 익숙하고 지배적인 가치체계를 전복시키는 것. 권력자는 똥닦개를 고르는 일에 마치 미학적 세련됨의 정수가 있다는 듯 진지하게 임하지만, 그것은 그저 우스운 바보짓일 뿐이며 결국 고귀함의 가치를 하잘것없는 것으로 떨어뜨리는 데 지나지 않는다. 풍자란 직설적으로 누군가를 비난하고 욕하는 게 아니라, 그 신분과 지위에 걸맞지 않은 대상, 즉 똥과 오줌에 접붙여둠으로써 그 위상을 끌어내리는 데서 발휘된다.

오줌과 재생, 삶을 삶으로 되돌려놓기

그런데 이튿날은 모든 여인들이 성장을 하고 참석하는 성대한 성체축제일이었다는 사실에 주목하도록 하라. 그날 문제의 귀부인은 진홍색 새틴 천으로 된 대단히 아름다운 드레스와 매우 값비싼 흰 비로드의 긴 웃옷을 입었다. (파뉘르주가 귀부인에게 롱도가 쓰여진 종이를 바치자) 그녀가 무엇인지 보기 위해서 종이를 펴는 사이에 파뉘르주는 재빠르게 지니고 있던 약을 그녀의 몸 곳곳에, 특히 소매와 드레스단에 뿌리고 나서 말했다. … 파뉘르주가 이 말을 채 끝내기도 전에 교회 안에 있던 모든 개들이 그가 뿌린 약 냄새 때문에 이 귀부인에게 달려들었다. 작은 놈, 큰 놈, 뚱뚱한 놈, 마른 놈 할 것 없이 모두 모여들어 물건을 꺼내서는 그녀의 냄새를 맡고 몸 전체에 오줌을 싸댔다. 그것은 세상에서도 가장 지저분한 광경이었다. … 제일 멋진 장면은 행렬을 할 때였다. 그 행렬에서 60만 1천 14마리 이상의 개들이 주위에 몰려들어서 그녀에게 수없이 많은 고통을 주었다. 그녀가 지나간 길에 오줌을 싸대는 것이었다.

　사람들은 이 광경에 모두 발걸음을 멈추고, 그녀의 목덜미에까지 올라타 아름다운 의상을 망쳐놓는 개들의 행동을 바라볼 뿐이었다. 그래서 그녀로서는 자기 집으로 피신하는 것 외에는 다른 방도를 찾을 수 없었다. 개들은 뒤를 쫓고, 그녀는 몸을 숨기려 하고, 하녀들은 웃어댔다.

— 『팡타그뤼엘』 제22장, 「파뉘르주가 어떻게 파리의 귀부인에게
장난을 쳐서 골탕을 먹였는가」

　귀부인에게 망신을 주는 이 장면이 우리 시대에 어떤 해석을 파생시킬지 모르겠으나, 일단 부와 명예, 권력을 가진 자들을 골려주는 장면이라고 보는 것은 무리가 없을 듯하다. 물론, 앞 장에서 파뉘르주가 그녀에게 구애했으나 그녀가 '모욕적으로' 응대했기에, 파뉘르주에게 개인적 원한이 없다고는 할 수 없을 것이다. 그러나 이 장면을 파뉘르주 개인의 원한 감정으로 읽는다면 아무래도 사태를 좁게 보는 것이다. 관건은 귀부인도, 모욕도 아니다.

그녀가 집 안으로 들어가 문을 잠그자 사방 5리 안에 있던 모든 개들이 몰려들어 집 문 앞에 오줌을 싸대는 통에 그 오줌은 오리들이 헤엄칠 수 있을 만한 시내를 이루었다. 이 시내가 지금도 생 빅토르를 지나가는데, 과거에 우리의 오리부스 선생이 공개적으로 설교했듯이 개 오줌의 특별한 효능 때문에 고블랭 집안은 이곳에서 진홍색 염색 일을 하고 있다. 하느님께서 도와주시기만 한다면, 여기서 툴루즈에 있는 바자클 물레방아들만큼은 크지 않더라도 물레방아를 돌릴 수 있을 것이다.

개들의 오줌이 홍수를 이루어 실제로 염색에 특효 있는 시내가 흐르는지 몰라도, 적어도 그런 사연이 언급되었다는 사실은 이 문단이 일종의 민담설화의 형식을 띠고 있다는 점을 시사한다. 즉, 현재 어느 지방의 어떤 특이한 사물은 이러저러한 연유로 출현한 것이다라는 식으로 이야기를 풀어내고 있다. 그렇다면 이 대목의 가상적 청취자는 귀족이나 지식인이기보다 민중일 것이며, 이들이 익숙하고 즐겁게 받아들일 수 있는 소재와 주제를 취해 이야기를 만들었을 가능성이 높다. 다시 말해 귀부인을 희롱하고 모욕 주는 파뉘르주의 '무뢰배적' 행태가 적어도 르네상스의 민중에게는 '불량하게' 여겨지지 않았을 거라는 뜻이다. 흔하디흔한 것, 함께 어울려 놀다가도 경멸하고 화내는 대상인 개의 오줌만큼 '밑바닥'의 사물을 평소에는 감히 쳐다보지 못할 '지고한' 대상인 귀부인과 접붙여놓으려는 시도가 그것이다.

상반되는 속성을 지닌 두 가지 이미지를 나란히 붙일 때, 우리는 이상한 혼란과 쾌감을 느낀다. 한편은 너무 높고 다른 한편은 너무 낮았는데, 이제 한가지로 결합되어 우리 삶의 높이와 어울리게 된 것이다. 이는 오줌이 하층계급에게는 염료의 일종으로 생활의 필요한 사물이라는 점을 덧붙여줌으로써 강조된다. 르네상스의 민중에게 똥과 오줌은 기피의 대상이 아니라 친숙하고도 유용한 사물로서, 그들 자신과 더불어 이 세계를 구성하는 필수 요소였던 것이다. 이 일화는 삶으로부터 너무 멀리 가버린 상류계급에게 지상의 오물을 투여함으로써 그들을 다시 생활의 장場으로 불러들이고, 그들에게 재생의 기회를 부여하는 상징성으로 해석되어야 한다.

그로테스크 리얼리즘과 생명의 순환

그는 참호 밖으로 나오자마자 무시무시한 고함을 질렀는데, 그 소리는 마치 모든 악마들이 풀려난 것 같았다. 이 고함소리에 적들은 잠에서 깨어나기는 했지만, 그들이 어떻게 했는지 아는가? 뤼송 지방에서 사람들이 말하는 식으로 불알을 긁으며 새벽기도의 첫 번째 종소리를 들을 때처럼 얼이 빠져 있었던 것이다.

그동안 팡타그뤼엘은 그들이 입을 딱 벌리고 잠들어 있었기 때문에 배에 실어왔던 소금을 뿌리기 시작했다. 그래서 그들의 목구멍은 소금으로 가득 차게 되었다. 그러나 이 불쌍한 녀석들은 "하, 팡타그뤼엘이 우리에게 불을 질렀구나!"라고 외치며 여우 새끼들처럼 기침을 해댔다. 파뉘르주가 그에게 먹인 약 때문에 팡타그뤼엘은 갑자기 오줌이 마려워서 그들 진영에서 오줌을 누었는데, 어짜나 그 양이 많았는지 그들 모두를 익사시켰고 사방 1백 리에 걸쳐 굉장한 홍수가 났다. 그래서 사서에 이르기를, 만일 그의 아버지의 암말이 그곳에 있어서 같이 오줌을 누었더라면 데우칼리온이 겪었던 것보다 더 엄청난 대홍수가 일어났을 것이라고 한다. 왜냐하면 그 암말은 오줌을 눌 때마다 론강과 다뉴브강보다 더 큰 강이 생기게 만들곤 했기 때문이다.

이 광경을 보고 도시 밖으로 나왔던 사람들은 "저들이 모두 잔인하게 살해당했구나. 피가 흐르는 것을 보라" 하고 말했다. 그들은 팡타그뤼엘의 오줌을 사람들이 흘린 피라고 착각했던 것이다. 그들은 막사에 남은 불빛과 약간의 달빛으로밖에 볼 수 없었기 때문이다.

—『팡타그뤼엘』 제28장, 「팡타그뤼엘은 어떻게 아주 기이한 방식으로 딥소디인들과 거인들에게서 승리를 거두었는가」

오줌을 눠서 적들을 몰살시킨다는 이야기는 거의 헛소리에 가깝게 들릴 정도로 과장이 심하다. 근대적 관점에서 본다면 크게 허황되고 정신적인 문제가 의심될 만한 진술일 것이다. 하지만 이 전언을 적들에 대한 잔인함이나 현실에 대한 도착적 보상심리, 이도저도 아닌 우스개로만 볼 수는 없다. 이 같은 우화는 우주적 대재난에 대한 익살스런 놀이의 이미지에 상응하는 바, 오줌바다를 통해 역설적으로 형상화되는 그로테스크한 신체의 은유가 나타나기 때문이다.

그로테스크란 무엇인가? 상반되는 이미지를 나란히 놓거나 접붙여놓음으로써 역설의 감각을 발생시키는 반反미학적 기법이다. 몸의 절반은 사람이고 절반은 동물인 스핑크스가 그렇고, 고대인들의 테라코타 조각품인 '임신한 노파'의 조각상도 그러하다. 새로운 생명을 낳는 젊음의 이미지와 인생의 종말을 앞둔 노년의 이미지는 상식적으로 서로 충돌한다고 여겨지지만, 절묘하고 기이한 느낌을 던져주면서 결합해 있는 것이다. 이러한 낯선 혼합과 기묘한 혼성의 이미지가 바로 그로테스크 리얼리즘을 이룬다. 중세 말부터 자주 발견되던 장식물인 인간과 동물, 식물의 혼합적 이미지도 모두 그로테스크한 형상들이다. 균형·절제·조화를 중시한 르네상스의 미학은 인간, 동물, 식물을 모두 구별해서 각각의 개성 속에 묘사할 것을 명령했다. 하지만 민중의 생활감각은 이것들이 서로 뒤얽혀 자연과 세계를 이루고 있음을 당연하게 받아들였다. 그로테스크 리얼리즘이란 그와 같은 혼성의 존재론을 감각적으로 표현한 민중문화의 세계상을 표현했다. 이런 관점에서 바흐친은 앞서 인용한 장면에 대해 다음과 같은 해설을 붙였다. "짠물은 땀이 아니라 오줌이며, 팡타그뤼엘이 이를 배출하는 것이 다를 뿐이다. 그러나 거인 팡타그뤼엘은 여기서 우주적인 의미를 획득한다. 팡타그뤼엘 이미지의 전통적인 핵심은 매우 넓게 확장되며 과장되어 나타나는 것이다. 군대 전체가 크게 입을 벌리고 있으며, 이 입들 속으로 다 뿌려진 한 통의 소금, 물의 자연력과 바다의 신성, 짠 오줌 홍수. 오줌-피-바닷물로 이어지는 이미지들의 놀이가 특징적이다. 이 모든 이미지는 한데 어우러져, 불과 홍수로 세계가 멸망하는 우주 대재난의 그림을 형성한다."

그로테스크한 세계의 광경, 그것은 사물을 그 사물에 대한 인간적 정의의 한계에 가두지 않는 데서 생겨난다. 소금은 땀에도 있고 바닷물에도 있기에 양자를 같이 붙여놓을 수 있다. 오줌으로 인해 발생하는 홍수는 재난에 가까운 사건이지만, 인간이 오줌을 눠야 살 수 있는 것처럼 자연도 홍수를 통해 본래적인 순환의 질서를 이어간다. 그런 의미에서 오줌으로 적들을 죽인다는 이야기는 자연의 부활과 생성에 대한 암시로 읽을 수 있다.

홍수나 산불 같은 자연재해, 혹은 전쟁, 학살, 폭력 등의 인위적 재난은 모두 두려워할 만한 사건들이다. 어떤 인간이든 그와 같은 재난을 피할 수 없기에 공포에 질리지 않을 수 없다. 하지만 사실 모든 재난은 기성의 것을 파괴하고 그로써 새로운 것을 구성하는 과정이나 다름없다. 죽고 죽이고 부수고 망가뜨리는 일체의 행위는, 그로 인해 사멸하는 개체에게는 슬픈 노릇이겠으나 실상 돌고 도는 우주의 순환 속에서 다시 태어나고 다시 형성되기 위한 밑바탕으로의 회귀인 까닭이다. 역사와 세계와 자연은 언제나 그러한 과정을 반복했고, 이 때문에 영원회귀의 순환 속에 재난은 늘 되돌아왔다. 똥과 오줌은 이 과정의 공포를 다시 (새롭게) 돌아올 세계에 대한 기대로, 낯선 사태의 도래를 익숙한 물질적 과정으로 가시화한 즐거움의 이미지에 해당한다.

5. 다시, 똥과 오줌의 귀환을 기다리며

신체의 더러운 배출물인 오줌. 하지만 오줌을 눈다는 것 또는 오줌에 맞는다는 것은 지나치게 높이 떠서 추상의 허공을 헤매는 정신을 내려뜨려 지상에 발 딛게 하고, 우스꽝스럽게 만들어 두려움을 없애준다. 바흐친은 똥이 우리의 몸과 땅 사이에 위치한 사물이며, 오줌은 몸과 바다 사이에 있는 사물이라 말했다. 똥과 오줌은 자연의 산물인 동시에 우리 인간의 몸을 통과하여 만들어진 인간적 산물이다. 친밀하고 가까운 것이자, 모든 고상하고 아름다운 것과 권력을 가진 것을 자연으로 돌려보내는 불가피한 이물異物이다. 더럽고 냄새난다는 의식은 태곳적, 아직 인간에게 미의 관념이 스며들기 이전에는 전혀 존재하지 않던 생각이다. 오히려 자연에 이웃하며 실존하던 인간은 똥과 오줌이라는 자기의 생산물을 어떻게 유용하게 쓸 것인지, 어떤 식으로 생존과 활력을 위해 사용할 것인지 늘 궁리하며 지냈다. 인류 최초의 산업이라 할 만한 농업이 똥오줌 없이 가능했겠는가? 실로 똥과 오줌 덕분에 인간은 자연으로부터 독립적인 삶을 살 수 있었고, 또한 자연과 더불어 사는 법을 익힌 게 아닌가?

똥과 오줌으로부터 시작한 르네상스 시대의 민중문화, 근대성의 비공식 문화는 삶과 죽음을 우주론적 차원에서 연결 짓는 육체적 사태를 가리킨다. 그로테스크 리얼리즘은 이 같은 사태를 포착하기 위한 이름인바, 그것은 가장 밑바닥의 하부적 가치를 가장 위로 끌어올리고, 또 그 반대의 운동을 가동함으로써 만물을 영원한 변화의 유동 상태로 돌려놓는 운동이다. 똥과 오줌이 그렇듯이, 고형화된 사물은 비정형의 유동체로 녹아 흐르며 또 다른 사물의 형태 속으로 스며들어간다. 당연하게도 그것은 어느 사이엔가 다시 만물유전의 영원한 법칙으로 되돌아올 것이다. 이는 르네상스-근대의 현학적인 계몽주의가 획득한 과학적 지식이 아니라 온 시대를 통해 항상 실존해왔던 민중문화가 체감으로 도달한 자연적 통찰과 다르지 않다.◉

2장 | 1953~1973년, 서울의 똥

1. 해방 후 서울의 똥 수거

해방 후 서울은 '불미不美'했다. 거리 곳곳에 똥오줌과 쓰레기가 뒤엉켜 쌓여 있었고 역한 냄새가 진동했다. 이 똥오줌을 치는 일은 「조선오물소제령」[일본의 「오물소제법」(법률 11호, 1900년)에 근거함, 조선총독부 제령制令 8호, 1937년 10월 1일 시행, 1961년 12월 31일 폐지]에 따라 경성부청의 민생부 청소과(위생과)가 담당해오다가, 해방 후 서울시청이 설치되면서 시청 산하 보건위생국 보건과(1946년 12월 13일부터는 위생과)가 도맡았다.

똥오줌을 치워야 할 책임이 정부에 있다고 법령에도 명시되어 있었지만, 청소 사정은 좋지 않았다. 미국과 일본에서 생활하다가 해방을 맞아 돌아온 사람들은 서울의 '위생' 문제를 꼬집으며 서울시가 나서서 청소할 것을 요구했다.

해외에서 돌아온 우리 겨레들이 이구동성으로 민도의 향상과 도시미를 갖추라고 한다. 서울시의 불미不美한 상태에 대하야 이번 귀국한 김용중 金龍中(1898~1975) 씨도 절실히 느낀 바 있었던지 다음과 같은 감회를 말하여 청소 문제에 있어서 시 당국과 언론인에게 간곡한 부탁을 받아 국내에 있는 우리들은 적면赤面을 금할 수 없었다.

【김용중 씨 談】귀국歸國서 동경에 23일 체재하였는데 전시 중의 상처도 낫기 ○이지만 참으로 깨끗하였다. 그런데 서울에 와서 보니 불결하기 짝이 없었다. 서울시 당국은 무엇을 하였으며 또한 언론인 여러분은 무

엇을 하였는지 알고 싶다는 의미로 청소 문제를 강조하였다.[1]

당시 정부는 혼란스러운 정치상황과 재정 부족으로 인해 이 일을 도맡아 할 수 없는 처지였다. 결국 똥오줌의 수거·처리는 민간에게 다양한 방식으로 넘어갔다. 여기서 민간이란 똥 장수로 대변되는 이들로, 대개는 농민으로 여겨진다. 이들은 마차를 끌고 도시에 가서 똥오줌을 모아왔고, 이를 전통적인 방식대로 삭혀 '인분비료'로 만들었다. 이 비료를 자신의 밭에 뿌리거나 다른 농민에게 팔기도 했다. 어쨌거나 이들이 도시에서 똥오줌 수거의 일정 부분을 담당했다. 이들은 식민지 시기 경성의 똥오줌 수거를 위탁받은 남산상회가 1914년 수거한 똥오줌으로 연간 1,000여 톤의 유기비료를 만든 경우에서처럼 서울시의 위탁 계약 아래 활동하거나 허가 없이 몰래 활동하기도 했다.[2]

그러나 정부는 1950년 4월 1일부터 농민들이 정부와의 계약 없이 똥오줌 치는 일을 금지했다.[3] 이제 오전 8시부터 오후 6시까지를 제외한

---

1 「서울시는 무엇하고 있나, 불미한 오물산적을 통탄, 김용중 씨 談」, 『독립신문』 1947. 6. 21, 2면.

2 이러한 분뇨처리 상황을 두고 '농촌 환원' 방법으로 해결됐다고 말하기도 했다. 정규영, 「우리 시의 하수처리실태와 계획—서울시의 하수처리와 계획실태」, 『도시문제』 5(10), 1970, 35쪽.

3 "농민이 인분을 쳐가는 것은 비료도 되고 청소에 도움도 되는데 4월 1일부터는 이것을 일체 금지한다고. (중략) 오는 봄부터는 변구便口도 과연 깨끗(?)해질는지? 우선 공동변소에 넘쳐흐르는 그것이나마 깨끗이 해주었으면……"(「꼬리표」, 『경향신문』 1950. 3. 30, 2면.)

시간에 계약한 업자만 작업을 할 수 있었다.[4] "월 2회로 동·통·반을 순회하여 작업"하며, "동장은 인분 수거 여부를 조사하고 수거제收去濟의 검인檢印을 하게" 했다.[5] 동시에 서울의 한복판인 종로구, 한강 인도, 이북간선, 충정로 일대에 똥오줌을 운반하는 마차의 출입을 금지했다.[6] 이같은 조치는 해방 후 서울시가 똥오줌 수거와 처리를 단일화하려는 첫 시도였지만, 한국전쟁 발발로 모든 것이 수포가 되었다.

한국전쟁이 끝난 후 서울은 폐허를 복구하는 일뿐만 아니라 다시금 몰려드는 사람들의 똥오줌 처리가 골칫거리였다. 시는 똥오줌 처리를 보건위생국에서 경찰국으로 이관했다. 사회가 불안정한 상황에서 경찰력을 동원해 똥오줌 수거업체를 관리하겠다는 의지로 보인다.[7] 그렇지만 1950년대 후반에 똥오줌의 한강 방류가 사회문제로 부각되고 사영업자가 지속적으로 활동했던 점을 살펴볼 때, 강력한 단속은 없었던 걸로 보인다. 사영업자를 단속하는 것은 자칫 비료 생산을 저해하는 결과를 낳을 수도 있었다. 이들이 수거해 간 똥오줌이 비료로 만들어졌는데, 농업국가에서 비료란 국가의 생산력과 직결된 문제이기 때문이다. 무엇보다 식민지 말기와 비교할 때, 이북의 홍남화학비료공장에서 생산된 화학비료를 더 이상 사용할 수 없었고, 자체적인 화학비료공장 건설에 어려움을 겪고 있

---

4 「인분운반마차 도심지통행제한」, 『경향신문』 1950. 5. 9, 2면.

5 「사월의 과제 이룩하자 한맘 한뜻으로」, 『경향신문』 1950. 4. 1, 2면.

6 「인분운반마차 도심지통행제한」, 『경향신문』 1950. 5. 9, 2면.

7 「윤 국장 회견담會見談 방화책임제 강력히 추진」, 『경향신문』 1953. 1. 7, 2면.

던 상황에서 사영업자에 의한 똥오줌의 비료화를 굳이 강력하게 막을 이유는 없었을 것이다.[8] 그러므로 경찰도 해가 뜬 시간이 아니라면 사영업자를 단속하지 않았을 것이다.

1950년대 정부는 '위생'과 '비료 수급'의 문제를 동시에 안고 있는 상황에서 우선은 '비료 수급'의 문제에 주안점을 두었고, 그 해결책으로 똥오줌의 '비료화'를 선택했다. 즉, 똥오줌 수거란 행정이 관리하는 청소행정의 일환이었고, 민간업자가 행정의 안팎에서 실시하는 돈벌이 '사업'이었다. 오늘날 똥오줌 처리는 온전히 행정의 테두리 안에서 이뤄지고 있지만, 1950년대만 하더라도 행정과 사업이 혼종되어 있었다. 이 글은 해방 후 똥오줌의 수거·처리 과정 변화를 살피면서 다양한 행위자가 얽혀 있던 문제가 '위생'이라는 변곡점을 지나 '하수도'의 문제로 좁혀지는 과정을 정리하고자 한다.

2. 비료 수급의 안정과 환경문제

1950년대 서울의 경우, 도심부는 도시였으나 도심에서 조금만 벗어난 변두리는 대개 농지였다. 도시에서 똥오줌은 빨리 쳐내야 할 '위생'의

---

8 남한에 소규모의 석회질소공장(북평, 북삼화학)과 과석공장(인천), 몇 개소의 유기질비료공장이 있긴 했지만, 시설이 노후하여 조업이 중단됐거나 복구를 했어도 생산량 자체가 작아서 화학비료는 거의 수입에 의존할 수밖에 없었다. 최한석, 「무기화학공업의 현황과 전망(2): 한국의 비료공업」, 『화학공업과 기술』, 1984, 3~7쪽.

문제였지만, 농민들에게 똥오줌은 비료를 만드는 자원이었다. 더구나 화학비료를 구하기 쉽지 않았던 상황에서 똥오줌은 퇴비 다음가는 자급비료 중 하나였다.[9] 1950년대 내내 똥오줌으로 만든 자급비료량은 대략 90만 관(1958)에서 110만 관(1955)으로 파악된다. 이 중간값인 100만 관으로 보아 미터법으로 환산하면(1관=3.75kg), 대략 3,750톤에 그친다. 당시 가장 많은 양을 차지했던 자급비료는 퇴비였다. 이것 역시 490만 관(1961)에서 600만 관(1954) 사이의 생산량을 보였는데, 중간값인 545만 관은 2만여 톤에 불과했다. 1945년에 화학비료 생산량이 78만 2,000톤에 달했다는 점과 비교해보면, 당시 자급비료 생산량이 얼마나 작았는지 쉽게 유추할 수 있다.[10]

1957년 정부는 '인분처리요령'을 통해 인분비료공장을 직접 설치하겠다는 의사를 밝혔다. 위생 수준을 알 수 없는 자급비료를 만들어 쓰게 하느니 정부가 직접 똥오줌을 처리하여 위생적인 유기질비료를 생산하겠다는 뜻이자, 다량으로 생산해서 공급을 안정화하겠다는 목적이었다. 이 계획은 도시의 위생과 농업의 안정성을 모두 잃지 않겠다는 의지이기도 했다. 이런 요구는 뚝섬 같은 서울 근교의 채소 농가가 지속적으로 겪

---

9 자급비료와 유기질비료의 양은 상대적으로 1971년까지 늘었다. 1953년부터 시작된 농업증산5개년계획에 따라 자급비료 증산운동이 이뤄졌고, 1958년에는 2,633만 톤을 목표로 장기적인 증산정책이 추진됐다. 그 결과 1971년에는 생산량이 2,968만 톤에 이르렀다. 그렇지만 화학비료의 생산과 농촌 일손의 부족으로 자급비료의 생산은 점차 어려워지기 시작했다. 이기상·김완진, 「우리나라 비료의 개발과 이용 40년」, 『한국토양비료학회지』 42, 2009, 195~211쪽, 196~197쪽.

10 이기상·김완진, 위의 글, 199쪽.

<표 1> 1953~1961년, 자급비료 소비 실적 (단위: 1,000관)

	퇴비	녹비	산야초	분뇨류	회류	합계
1953년	5,985,890	196,914	427,636	934,823	248,307	7,793,570
1954년	6,071,443	254,690	366,283	934,528	258,204	7,885,148
1955년	5,201,355	260,683	165,546	1,143,965	283,892	7,055,441
1956년	5,077,119	259,906	189,500	1,092,417	291,000	6,909,942
1957년	5,536,719	167,670	166,399	975,190	207,244	7,053,222
1958년	5,456,058	112,142	182,058	907,737	301,753	6,959,748
1959년	5,663,681	173,702	248,939	1,055,174	237,933	7,379,429
1960년	5,657,344	176,293	249,053	1,064,650	269,947	7,417,287
1961년	4,906,581	276,943	290,928	1,130,801	250,416	6,855,669

출처: 『농림통계연보』, 1958, 68쪽; 1962, 22쪽.

어온 비료 부족 사태가 영향을 미쳤던 것으로 여겨진다. 화학비료도 부족했던 당시에 정부는 비료를 필요로 하는 농민들이 도시에서 똥오줌을 "제거(하는 데) … 시간제한을" 두고 있었다. 이런 상황에서 농민들은 비료가 부족하니 "농번기만이라도 시간 완화"를 해주고 인분 수거를 허락해달라는 요구를 매해 거듭했다.[11]

'인분처리요령'은 앞으로 시가 똥오줌을 처리할 대강의 요령들을 나열한 종합적인 발표였다. 주된 내용은 첫째, 농림·상공·부흥보건사회부의 주관 아래 똥오줌과 쓰레기를 원료로 하는 유기질비료 제조 공장을

---

11 「인분비료 부족, 뚝도 농민들 비명」, 『경향신문』 1955. 5. 24, 3면.

증설하고, 제품을 판매할 수 있게 했다. 둘째, 농림부의 주관으로 야채 및 금지구역 내의 일반 작물에 대해 똥오줌 사용을 금지하고, 똥오줌을 제외한 악취 없는 자급비료나 화학비료를 전용토록 하고, 공장에서 생산한 유기질비료를 알선하고 화학비료를 배급토록 했다. 셋째, 농림부와 내무부의 주관 아래 도시 근교와 큰길가에서 200m 이내의 농경지에서는 지방행정기관과 관할 경찰의 협의하에 똥오줌을 사용하지 못하게 했다. 마지막으로, 내무부의 주관으로 똥오줌을 사용하지 못하는 작물 및 금지구역과 야채 재배지에 대한 똥오줌 사용을 금지하고, 위반 시에는 경찰이 주의·단속했다. 야채의 세정洗淨은 청정수로 하며, 세정장洗淨場 이외에서는 세정할 수 없었다.[12]

서울에서 유기질비료 제조 공장이 세워진 자리는 서울의 변두리였던 용산구 이촌동이었다. 1957년에 정부는 '인분비료공장'을 직접 설립하려는 계획을 세웠는데, 유기질비료 공장은 그 몇 해 전부터 운영되었던 것으로 보인다. 그곳은 식민지 시기부터 똥오줌을 모아놓았던 자리로, 1955년 바로 그 인근에 '동양유기비료주식회사'라는 간판이 나붙은 공장이 먼저 들어서 있었다.[13] 상공부가 전해인 1954년 산업은행으로부터 1억 2,000만 환의 융자를 받도록 추천하여 세워진 공장이었다.[14] "매일같

---

12 「인분처리요령을 결정」, 『경향신문』 1957. 3. 28, 3면.

13 「이촌동 일대 쓰레기와 인분 사태」, 『경향신문』 1957. 8. 28, 2면.

14 「유기화학비료공장 서울에 설치를 계획」, 『조선일보』 1954. 11. 12, 1면.

이 밀려오는 10여 (대의) 츄럭(트럭)의 인분과 쓰레기"를 처리하여[15] 연간 1만 2,000여 톤의 유기비료를 생산할 수 있는 규모였다.[16] 앞의 비료 생산량을 따져볼 때 똥오줌을 원료로 한 유기비료의 생산량은 그리 크지 않았다고 볼 수 있다.

적은 생산량에 비해 공장으로 인해 발생하는 환경문제는 심각했다. 공장 설립 당시 주민들은 언론에 공장 설립을 반대한다는 의견을 내놓았다. '용산 R생'이라는 이는 당시 공항이 설치되어 있던 여의도 맞은편인 이촌동에 '인분공장'이 들어서는 것은 미관의 문제를 야기한다며, 다음과 같이 덧붙였다. "첫째, 악취가 극심하므로 도시에서 30리 이상 격리되어야 하고, 둘째 추악한 똥물을 다량으로 배설하기 때문에 해변이 아니면 그 하류에 거주하는 주민들의 위생상에 미치는 영향이 막대함으로 허용될 수 없다."[17] 역시나 공장 설치 후 2년이 지난 1957년 'R생'의 우려대로 악취와 파리떼가 극성을 부렸다.[18]

이러한 환경문제는 이 공장이 단순히 똥오줌을 취급하는 곳이기 때문만은 아니었다. 인구가 급증하면서 처리해야 할 똥오줌도 늘어났지만 실제 처리할 수 있는 양이 제한된 상태에서 발생한 문제였다. 이촌동 공장으로 똥오줌을 가져오는 이들은 당시 각 구의 청소 업무를 위탁받아

---

15 「이촌동 일대 쓰레기와 인분 사태」, 『경향신문』 1957. 8. 28, 2면.

16 「유기화학비료공장 서울에 설치를 계획」, 『조선일보』 1954. 11. 12, 1면.

17 「한강변 인분공장 국제공항도 무색」, 『동아일보』 1955. 9. 19, 2면.

18 이 기사에는 인분통과 쓰레기를 줍는 넝마장수의 사진이 실려 있다(「이촌동 일대 쓰레기와 인분 사태」, 『경향신문』 1957. 8. 28, 2면).

활동하는 민간업자들이었다. 대표적인 사건은 1959년에 벌어졌다. 민간업자가 용산 일대서 트럭 네 대분의 똥오줌을 가져왔는데, 공장은 이 분량을 받아들일 상황이 아니라며 처리를 거부했다. 업자들은 트럭에 가득한 똥오줌을 공장 옆 한강에 쏟아부었다. 이 같은 무단방류는 이해에만 일어난 게 아니라 당시에 만연한 상황이라고 보아야 한다. 똥오줌을 한강에 방류하는 '관습'은 자연히 한강 오염으로 이어졌다. 한강은 별다른 상수도 시설이 없는 지역의 식수원이었는데, 이로 인해 한강변 거주자들은 식수 이용에 어려움을 겪었다. 이촌동만 하더라도 180여 세대 900여 명이 거주했고, 교통부 공작창工作廠에서 일하는 1,000여 명이 한강 물을 식수로 공급받았기 때문에 식수 오염 문제는 당시 커다란 말썽거리였다.[19] 더구나 오물처리장과 비료공장이 함께 있다 보니 이 지역은 한동안 위탁 민간업자들에게 똥오줌 무단방류 장소로 여겨졌다.[20] 1967년 용산 지역의 똥오줌 수거량이 트럭 30여 대 분량, 240만 리터인데 비해 이촌동에서 처리할 수 있는 양은 겨우 14만 리터에 불과했기 때문이다. 당시 언론은 남은 200여 만 리터가 한강으로 흘러들어갔다고 보았다.[21] 한강의 오염이 심각해지자 서울시는 고양군 신도면(현 서울시 은평구 진관동과 고양시 덕양구 동쪽 일대)으로 인분비료공장을 이전하고, 청계천 일대에

---

19 「한강에 인분 버려 말썽」, 『동아일보』 1959. 11. 15, 1면.

20 이촌동에 설치되었던 비료공장이 언제까지 운영되었는지 알 수 있는 자료를 아직 발견하지 못했기 때문에 특정하기 어렵다.

21 「시민식수의 수원 한강 오염」, 『경향신문』 1967. 2. 2, 4면.

오수처리장을 건설하겠다는 계획을 세웠다.[22]

3. 기생충 예방과 인분비료 사용금지의 한계

서울시는 앞서 고양군에 건설하겠다고 발표했던 인분비료공장 설치
에 드는 예산을 확보하지 못했다.[23] 인분비료공장은 앞서 살핀 대로 처리
과정에서 발생하는 환경오염에다 생산물인 '인분비료' 자체에 대한 공중
보건상의 위험 문제를 지적받았기 때문이다.[24] 이는 당시 야기되었던 인

---

22 「군정에서 민정으로 숙제이양 (1): 서울시」, 『동아일보』 1963. 12. 18, 7면.

23 「군정에서 민정으로 숙제 이양 (1): 서울시」, 『동아일보』 1963. 12. 18, 7면.

24 현 시점에서 '인분비료'의 위험성과 화학비료로의 대체라는 과정은 생태주의자들
에 의한 '생태순환론'과 '(인분) 거름'의 유용성 논의와 부딪치고 있다. 예컨대 "사람
이나 가축이 음식이나 사료를 먹으면, 그 일부는 인분이나 축분이 되어 농사에 거
름으로 사용되고, 거름을 흡수하여 성장한 농작물은 다시 사람이나 가축의 먹이로
이용되었다. 이것이 농업에 있어 자연순환의 원리였으며, 그때 공해 문제는 없었
다."(허길행, 「가축분뇨 발효액비화에 의한 농업부문 자연순환체계 복원 연구」, 『농
촌경제』 23(3), 2000, 36쪽)라는 제도권 농업 연구 내의 고민과 "사람의 똥오줌이
더 깨끗하다. … 인간이 자기 몸에서 배출한 쓰레기를 다시 자기 몸으로 돌아오지
못하게 한 데 있다. 사람의 몸에서 배출된 똥오줌과 음식물 찌꺼기를 발효시켜 귀
한 거름을 만들고, 그 거름으로 작물을 키워 깨끗한 작물을 인간이 먹게 하면 환경
오염 문제는 발생하지 않을 것이다. 그런데 이 순환 체계는 원리적으로 볼 때 쓰레
기의 순환만이 아니라 생명의 순환이자 자원의 순환이고, 환경오염이 없는 생태문
명사회의 근본 원리라 할 수 있다."(안철환, 『시골똥 서울똥—순환의 농사, 순환하
는 삶』, 들녘, 2014, 222~223쪽 참조)와 같은 대안적 생태농업에서 야기되고 있다.

분비료에 대한 문제 제기가 반영된 결과로 보아야 한다. 인분비료에 대한 문제는 식민지 시기부터 제기되었지만, 1950년대가 되어도 이에 대한 별다른 대안은 없었다. 그러다가 1960년대 초에 이르면 '인분비료'를 적극적으로 금지하게 된다. 지금부터는 그 과정에 대해 살펴보겠다.

1950년대 초만 해도 화학비료가 부족해서 인분비료를 농작에 사용하고 판매하는 것을 별도로 제재하거나 금지하지 않았다. 그런데 채소 재배에 인분비료를 사용하는 실정은 정부를 곤란한 상황에 빠트렸다. 전쟁 중에 한국 정부는 미군을 비롯한 연합군에게 주한 외국인들을 위해 한국에서 생산한 야채를 공급하겠다는 의사를 밝혔다. 그러나 연합군 측은 이를 거절하면서, 당시 한국의 야채는 똥오줌을 삭혀 만든 비료를 뿌려 생산한 더러운 것이기에 자신들은 비행기를 이용하여 자국에서 실어온 야채를 먹겠다는 이유를 댔다. 그 일이 있은 후 대통령 이승만은 한 청년단의 궐기대회에 방문하여 "공公만을 위주로 … 민족운동"을 하자는 훈시訓示를 하며, 전시 상황에서 "채소를 마히(많이) 심되 인분비료를 쓰지 말고 화학비료를" 써야 한다고 말했다.[25] 단순한 에피소드일 수 있으나 (실질적인 행정제재 혹은 처벌이 뒤따르지는 않더라도) 정부가 지속적으로 인분비료의 사용을 (말뿐인) 금지하겠다거나 반위생적 행위라는 의견을 내는 저간의 사정으로 볼 수 있다.

전후戰後 정부는 이전에 비해 강력한 조치를 취하려 시도했던 것으로 보인다. 농림부가 「협동조합법」을 만들어 화학비료를 배급할 계획이며,

---

25 「공公만을 위주하라 청년궐기대회서도 훈시」, 『동아일보』 1951. 5. 6, 2면.

서울시 마포와 부산시 물금 지역에 소채원을 신설해 연구하고, 야채에 인분비료가 아닌 화학비료를 사용하게끔 할 계획이라고 밝혔다.[26] 그뿐만 아니라 정부는 인분비료의 사용을 더욱 적극적으로 금지할 의사를 밝혔다. 특히, 1953년에 인분비료를 사용한 야채에는 보균이 43%나 포함되어 있으므로 서울 근교의 채소 재배 농가에 대해 인분비료 이용을 금지하라고 발표했고,[27] 1955년에는 전 인구에서 기생충을 보유한 사람이 9할인데 이는 인분비료로 채소를 키우기 때문이라는[28] 의학적 수치를 동원하여 공중보건을 위해서도 인분비료 사용을 금지하도록 유도했다.

이렇게 정부는 똥오줌을 비료로 만들었을 때 발생할 위생상의 문제를 대중에게 전했지만,[29] 화학비료가 부족했던 탓에 농민들에게 현실적인 제재를 가하기는 어려웠다. 더구나 '채소를 많이 소비하는' 당시 상황에서 소비자인 일반 시민들이 채소 생산과정에 인분비료가 사용되었는지 확인할 수 있는 방법도 없었다. 정부의 이런 조치는 오히려 채소에 대한 불신과 기생충에 대한 두려움만 키웠고, 그저 "조속히 해결되어야 할 중요 문제"로 반복되어 지적될 뿐이었다.[30] 이처럼 사회심리적 불안감이 커지는 상황이었기에 인분을 재료로 유기질비료를 만드는 공장을 설립

26 「농회재산 관리권 부여 계획」, 『경향신문』 1953. 8. 5, 2면.

27 「인분사용금지 당국 '소채'용 비료 배급」, 『동아일보』 1953. 8. 5, 2면.

28 「이렇게 회충을 없애자」, 『동아일보』 1955. 5. 11, 2면.

29 이보영, 「기생충의 예방과 구제」, 『경향신문』 1954. 4. 25, 4면.

30 강성렬, 「음식물의 가치와 비타민」, 『동아일보』 1956. 3. 8, 4면.

하겠다는 정부의 계획은 실현되기 어려웠을 것이다.

정부는 점차 도시의 똥오줌 처리하는 일을 비료 생산에서 기생충 전염 예방으로 목표를 전환해나갔다. 똥오줌 처리는 이제 생산의 문제가 아닌 도시위생의 문제이자 '과학의식'에 입각한 '문화민족'의 일이 되었다.[31] 인분비료공장의 필요에 대한 논의는 1950년대 후반이 되자 사그라들었고, 야채를 세정할 때 살균작용을 하는 식초나 기름을 이용해야 위생적이라는 내용의 채소 식용방법 홍보와[32] 구충제의 보급,[33] "인간을 숙주로 하는 회충 또는 십이지장충의 검사"를 위한 대변검사 실시가 주된 사업으로 등장했다.[34]

인분비료로 재배하는 채소를 줄이기 위한 적극적인 방법은 농가에서 인분비료를 사용하지 못하게 하는 것이었다. 가장 적극적인 조치는 1962년에 들어 이뤄졌다. 서울시 경찰국은 서울 변두리에 있는 채소밭에 인분비료를 사용하지 못하게 단속할 계획을 내놓았고, '영등포-김포-구

---

31 "연희·이화대학 등 외국인의 설계에 의하여 설립한 건물의 변소에는 세수 장치가 있는데, 우리나라 사람이 건립한 대학이나 기타 영조물에는 변소에 세수용 장치를 설치한 것이 없다. 영조물을 설계하는 인사들이 과학의식, 즉 위생상식에 무관심하여 비문화민족이 되니 통탄할 일이다."(임진준, 「주거와 문화」, 『동아일보』 1955. 2. 6, 4면.)

32 이 외에도 야채를 끓는 물에 데쳐 먹거나, 김치를 담거나 날것으로 먹을 때 사용하는 야채는 (특히 배추 잎은) 흐르는 물에 이파리 하나씩 문질러 씻을 것을 권장했다. 「생선가루 세계적으로 장려」, 『경향신문』 1959. 2. 6, 2면; 「기생충을 예방하자」, 『동아일보』 1959. 5. 23, 1면.

33 「기생충을 예방하자」, 『동아일보』 1959. 5. 23, 1면.

34 조동수, 「깨끗한 옷, 충분한 잠」, 『경향신문』 1955. 2. 20, 4면.

로동-대림동', '미아리-도봉리', '청량리-중랑교', '영천-불광동-수색', '왕십리-뚝섬-구의리'가 주된 단속 대상이라고 발표했다.[35] 얼마 지나지 않아 국회의원 정헌조가 발의한 「기생충질환예방법안」이 1965년 12월 10일에 수정, 통과되었다.

그러나 '단속'의 실효성은 여전히 의문이다. 무엇보다 1960년대 중반에 들어 서울시의 행정구역이 대폭 확대되었는데, 서울시, 특히 경찰국의 행정력이 외곽의 농촌지역까지 미치지는 못했을 듯하다. 게다가 기존의 변두리 농지가 주거지역으로 개발되었는데, 이 역시 행정의 집중 관리가 잘 이루어지지 못했던 모양이다. 예를 들어 1966년 마포구 동교동에서 있었던 일이다. 동네 주민들이 아동공원 부지로 결정된 공지空地를 텃밭으로 일궜는데, 이때 정부가 몇 해 전 강력하게 금지했던 똥오줌을 비료로 썼다.[36] 이즈음 이런 일이 흔했다는 고발 기사를 왕왕 발견할 수 있다. 정부가 강력한 제재를 시작한 건 1968년이다. 보건사회부는 기생충 박멸을 위한 5개년계획을 세웠고,[37] 1968년을 '기생충 박멸의 해'로 지정했다. 이전까지만 해도 야채를 제외한 맥麥류의 생산에 인분비료를 사용할 수 있었지만,[38] 이제 사실상 모든 농작물에 인분비료 사용을 금지했

---

35 「인분비 쓰지 말라」, 『조선일보』 1962. 5. 1, 3쪽.

36 「민원 (23): 서교지구에 있는 아동공원의 관리를 철저히 해주십시오」, 『매일경제』 1966. 9. 27, 4면.

37 「기생충 박멸계획의 문제점」, 『경향신문』 1968. 10. 21, 3면.

38 「천 700만 석 생산 무난」, 『매일경제』 1968. 2. 27, 5면; 「보리밟기·흙넣기 철저히 묽은 인분 주고 풀뽑기도」, 『동아일보』 1968. 3. 2, 7면.

다. 또한 28개 도시를 전부 인분비료 사용금지 구역으로 지정했다.[39] 더구나 인분비료 사용금지는 「식품위생법」(법률 1921호, 1967년 5월 31일 시행)의 3조 1항과[40] 「오물청소법」(법률 914호, 1962년 1월 1일 시행)의 11조[41]와 같은 당시 법률에 근거하여 강제력도 갖췄다.

이 같은 강력한 조치는 인분비료를 대체할 화학비료를 어떻게 충당할지 등의 문제뿐 아니라, 서울시 똥오줌 수거 위탁업자들의 '공식적인' 비료 판매 사업에 문제를 일으켰다. 당시 위탁업자들은 계약한 구區에서 똥오줌을 수거하여 처리장에 모아놓았다가 비료를 만들어 농촌에 팔아왔는데, 보건사회부의 조치로 인해 판매 자체가 금지된 것이다.[42] 이런

---

39 신문기사에서 다음의 27개 도시를 제시하고 있다. 서울, 부산, 수원, 의정부, 안양, 소사, 고양, 춘천, 원주, 속초, 청주, 충주, 대전, 대천, 전주, 이리, 군산, 김제, 광주, 송정, 대구, 경주, 왜관, 울산, 김해, 제주, 서귀포이다. 「28개 금지구 지정: 기생충 박멸 위해」, 『동아일보』, 1968. 4. 29, 3면.

40 3조(판매금지) 다음 각호의 1에 해당하는 식품 또는 첨가물은 판매(판매 이외의 수여도 포함한다. 이하 같다)하거나 판매할 목적으로 채취, 제조, 수입, 가공, 사용, 조리 또는 저장하거나 진열하지 못한다.
　1. 부패 또는 변질되었거나 미숙한 것. 다만, 일반적으로 인체의 건강을 해할 우려가 없고 식용으로서 무방하다고 인정되는 것은 예외로 한다.

41 11조(분뇨 사용의 제한) ① 특별청소지역 또는 계절적 청소지역에서는 보건사회부령이 정하는 기준에 의하여 처리된 분뇨 이외는 비료로 사용하여서는 아니 된다. ② 특별청소지역 또는 계절적 청소지역에서 영농자가 분뇨를 비료로 사용할 경우에는 서울특별시장 또는 시장, 군수는 전항의 규정에 의한 기준에 적합한 방법에 의하여 분뇨를 처리하여 비료로 사용할 수 있도록 필요한 시설을 설치하고 기타 적당한 조치를 하여야 한다. ③ 각령으로 정하는 지역에서는 분뇨를 비료로 사용하여서는 아니 된다.

42 「농작물 인분사용금지. 서울시서 해제 건의」, 『동아일보』, 1968. 8. 21, 4면.

1962년 서울시 중구의 똥오줌 수거와 비료화　①은 문전 수거하는 모습이고, ②와 ③은 흡인식 차량을 이용한 수거 모습이며, ④는 수거된 똥오줌을 비료화하는 것이다. (서울기록원 소장)

상황은 보건사회부가 목적한 인분비료 사용 중단이라는 결과에 딱 맞는 일이었다. 그렇지만 서울시의 입장은 달랐다. 업자들의 이익을 보전해주어야 똥오줌 수거가 이루어졌기 때문에 중앙정부의 조치에 곤란함을 표시했다. 결국 정부는 최종적으로 서울시에 국한하여 시 전 지역을 '분뇨 사용 제한구역'으로 결정하면서 일부만 '인분비료 사용금지 구역'으로 지정했다.[43] 인분비료의 사용을 전적으로 금지하지 않았던 것이다.

4. 비리와 청소행정의 변화

1950년대부터 서울시의 인구는 빠른 속도로 증가했다. 1949년에만 하더라도 현재의 성북구와 영등포구, 강동구 일부가 편입된 상황이었고, 인구는 143만 명이었다. 그런데 1960년에는 같은 크기의 행정구역에 244만 명이 살았다. 10여 년 만에 100만 명이 늘어났다. 1963년, 서쪽 끝으로 김포공항 인근과 동쪽 끝으로 현재의 강동구 인근, 북쪽으로는 노원 인근까지 편입되면서 현재의 행정구역과 거의 일치하는 수준으로 커졌다. 1970년에는 인구가 550만 명으로 늘었다. 1973년, 마지막으

---

43 서울시에서 인분비료 사용금지 구역으로 지정된 곳은 동대문구(면목동, 상봉동), 성동구(구청동, 거문동, 탑곡동, 도곡동), 성북구(정릉3동), 서대문구(세검동, 연희동, 수색동, 녹신1·2동, 대광2동, 증가동), 영등포구(남성동, 신곡동, 고척동, 김포공항 주변 1km 이내, 김포가도 좌우 1km 이내)였다. 「학생들에 구충약」, 『매일경제』 1968. 11. 2, 3면.

로 일부 면적이 확장되었는데 인구는 835만 명이 되었다. 서울은 똥으로 넘쳐났다. 똥오줌을 처리하는 일은 서울의 운명과 직결된 문제였다.

시 당국으로서도 똥오줌 치는 일이 급선무였고, 청소업체들은 계약만 한다면 한 구를 도맡아 직접 그 수거비를 다 챙길 수 있는 꽤 큰 이권사 업이었다. 당시 서울시장들은 연초 연설에서 청소를 철저히 해내겠다고 말하곤 했는데, 그 일을 실제로 하는 이들은 거의 위탁업자들이었다. 구청은 업자와 계약한 뒤 관리·감독만 하고, 실제 똥오줌 처리는 업자들의 몫이었기 때문이다. 위탁업자는 주민들에게서 직접 받은 수거료와 인분 비료 판매대금에서 이익을 얻었다.

문제는 '위탁'을 받기 위해 일어나는 '비리'에 있었다. 업자들은 시 당국과 똥오줌 치는 계약을 하기 위해서 정치권에 압력을 행사해달라며 청탁을 넣기도 했다. 1957년에는 국회의원 가운데 몇몇이 "청소 작업권을 둘러싸고 추문을 터뜨린 일이" 있고, 모모 정상배政商輩[44]를 뒷배 삼아 기존 위탁업자를 제치고 작업권을 위탁받으려는 공작이 있었다.[45] 학교와 같은 대규모 인원이 이용하는 시설의 똥오줌 처리는 그 규모와 이익이 상당해서 쟁탈전이 이루어지는 일이 다반사였고, 이 문제는 1960년대에도 지속되었다.[46]

---

44 정치가와 결탁하여 정권을 이용해 개인적·세속적인 야심을 채우려는 무리를 가리킨다.

45 「기자석」, 『경향신문』 1957. 12. 20, 1면.

46 「돋보기」, 『경향신문』 1960. 8. 14, 1면.

이 외에도 일상적인 문제가 자주 일어났는데, 그것은 똥오줌 수거료 비리였다. 똥오줌 수거료란 앞서 언급했듯이 각 가정이 정부에 내는 세금이 아니라 업자에게 직접 내는 요금을 말한다. 이 방식은 1954년 내무부가 발표한 오물제거경비의 호별세를 책정한 시조례를 근거로 했는데,[47] 업자들이 수거료를 과다하게 징수하여 문제가 되었다. 1965년에 똥오줌 치는 요금은 제도상으로 한 통 값이 이전과 같았지만, 똥오줌을 치러 온 인부들은 한 지게에 '반 통'을 쳐내면서 한 통 값을 받는가 하면, 한 지게에 '9할' 정도가 차면 10원을 받은 사례도 있었다.[48] 이뿐만 아니라 인구가 급증하면서 천변가나 고지대에 밀집한 판자촌의 똥오줌 '미수거' 문제가 발생했다. 해당 지역에 똥오줌을 치는 인부들이 오지 않거나, 제대로 치지 않은 채 곧바로 떠나는 경우도 많았다. 예를 들면, 계약상 똥오줌을 치는 차는 해당 지역에 최소 일주일에 한 번씩은 들러야 했다. 하지만 서대문구 만리동·천연동·현저동·영천동(현재의 중구 지역)에 있는 고지대 판자촌에는 분뇨처리차가 보름 또는 한 달에 한 번 오거나, 인부들이 한 통당 6원인 수거료를 20원까지 받고 술값과 담뱃값을 강요하거나, 한두 집만 치고 마는 식이었다.[49]

이러한 상황이 계속되자 검찰에서 업자들에 대한 수사를 시작했다.

---

47 중구와 종로구는 이전처럼 똥오줌 한 통에 20환씩 현장에서 지불하고, 다른 구에서는 한 호당 호별세에 자력을 표준하여 상등은 100환, 중등은 80환, 하등은 60환씩 납부하기로 했다. 「오물제거경비 호별세표준거출」, 『동아일보』 1954. 3. 4, 2면.

48 「인분처리에 폭리 말라」, 『동아일보』 1965. 2. 13, 1면.

49 「안 오는 분뇨차」, 『동아일보』 1967. 6. 1, 8면.

1967년, 조사를 통해 업자들이 임의로 수거료를 올려받는 데 대한 법적 조치가 이뤄졌다. 그런데 시에서 계약한 9개 지역의 업자들 모두가 여기에 해당되었다. 더욱이 문제는 시와 업자들 사이의 계약 내용이었다. 대외적으로 똥오줌 한 통당 수거비는 6원이었지만, 업자는 정부에 한 통당 3원을 냈다. 만약 사실이라면, 한 통당 3원을 제외한 나머지 돈이 모두 업자의 이득인 셈이었다. 앞서 언급한 대로 20원을 받았다면, 17원이 업자의 주머니로 들어간 것이다. 그뿐만 아니라 수거한 똥오줌을 시 당국이 규정한 장소에 가져다가 (트럭 한 대 분량당 정해진 금액에) 비료로 되팔도록 되어 있었다. 그런데 조사에 따르면 이 업자들이 규정된 곳을 벗어난 시외 지역에 나가서 시세보다 비싼 값에 팔아 이문을 남겼다.[50] 동대문구의 대행업자인 김우동은

人糞收去에 巨額不當利得

한통3원을 10원씩

9個代行業者수사

1967년 인분수거 부당이득 사건 관련 신문기사. 『동아일보』 1967. 8. 7.

중형 파이프 수거차 한 대당 수거료를 총 600원씩 받기로 구와 계약했지

---

50 「인분수거에 거액 부당이득」, 『동아일보』 1967. 8. 7, 3면.

만, 실제로는 1,500원씩 받았다.[51]

이런 문제들이 계속 드러나자 서울시는 부당이득 사건에 대한 대책으로 인분수거 업무를 대행체제에서 직영체제로 전환했다.[52] 이 전환이란 업자가 시설과 인력을 자체 확보하여 구청과 계약했던 방식에서 시설과 인건비를 구청이 관리하고, 업자는 시설과 인력의 실제 운용을 맡는 방식으로 바뀐 것을 가리킨다. 또, 예산을 확충하여 수거차와 인력을 확보할 계획을 세웠다. "350여 만의 시민이 하루에 방출하는 분뇨(의 양이) … 1만 6,000여 석(이며)… 이 분뇨를 실어내기 위해서 하루에 필요한 … 수거차는 249대, 인부는 1,946명"이라는 계획을 세우고, 각 구마다 9개 중대, 81개 소대, 439개 분대로 청소 조직을 편성했다.[53]

5. 사영업자의 활동과 한계

1960년대에 이뤄졌던 행정력의 변화는 당시 똥오줌을 완전히 처리할 정도의 수준으로 나아진 건 아니었다. 인력과 장비가 부족한 상황이 가장 큰 이유였지만, 똥오줌 수거 지역과 비수거 지역 할 것 없이 (보건사회부의 방침과 달리) 똥오줌으로 만든 인분비료를 여전히 거래했기 때문에

---

51 「분뇨수거 부당이득 동대문구 업자 입건」, 『경향신문』 1967. 8. 9, 7면.

52 「분뇨수거 업무 시서 직영키로」, 『동아일보』 1967. 8. 8, 8면.

53 「돈(125): 어떻게 벌어 어떻게 쓰나」, 『매일경제』 1968. 11. 12, 2면.

똥오줌을 수거하는 비공식 사영업자의 활동을 가능하게 했다.

현대적 수세시설을 갖춘 지금과 당시를 잠깐 비교해보자. 오늘날 각 가정에는 변기가 한 개 이상 설치되어 있고, 상업시설에서도 그렇다. 똥오줌을 싼 후 변기의 우측에 달린 레버를 누르거나 돌리면, 물통이 저장해둔 물을 흘린다. 똥오줌은 이 물에 흘러내려가 주택단지나 지역별로 마련된 공동의 정화시설에 임시 보관되었다가 적정한 농도가 되면 하수도를 따라 종말처리장으로 향한다. 일반적으로 이러한 체계를 '하수처리'라고 하는데, 각 과정은 행정이 책임을 진다. 이에 비해 1950년대와 1960년대의 똥오줌 처리 방식은 완전히 다르다. 집집마다 똥오줌을 퍼내는 재래식 변소를 끼고 있었고, 변소가 차면 구청과 계약한 똥오줌 수거업자가 쳐갔다. 그러나 수거업자가 따로 쳐가지 않는 경우도 많았다. 하층민들이 사는 천변에는 별도의 '처리시설'이 없었기 때문에 똥오줌을 그냥 물길에 흘려보냈다. 관공서 등에 설치된 수세식 변소에서 방류된 똥오줌 역시 개천으로 흘러가는 경우가 허다했다.[54] 1957년에 경찰국이 파악한 자료에 따르면 시내에서 하루에 배출되는 똥오줌은 평균 3,027석 정도인데, 경찰국의 수거차 68대로 1,148석을 운반하고, 나머지 중 1,000석이 넘는 양이 길거리나 개천으로 흘러내려간다고 보았다.[55]

1960년대에는 서울이 확장되면서 똥오줌 처리에 문제가 생겼다. 정부는 1960년대 중반 도심 내 청계천변 판자촌을 철거하고 그 자리를 재

---

54 「청계천 정화 안 될가?」, 『조선일보』 1958. 1. 29, 2면.

55 「청계천 정화 안 될가?」, 『조선일보』 1958. 1. 29, 2면.

1964년 청계천6가 하류에 방류된 똥오줌
(민주화운동기념사업회 소장).

개발했다. 여기에서 밀려난 이농민들은 중랑천 등 도시 외곽의 천변으로 이동하여 판자촌을 재형성하기도 했다.[56] 이러한 천변 판자촌에서 흔히 볼 수 있던 변소는 사실 '변소'라기보다는 가림막에 불과했고, 이곳의 똥오줌은 그대로 물에 쓸려 한강으로 갔다. 이 똥오줌을 쳐가는 이는 따로 없었다. 게다가 1960년대 중반까지 청계천 복개覆蓋 공사가 이루어진 뒤 청계천은 도심의 하수도에 불과했기 때문에 청계천에서 쫓겨나 중랑천 같은 천변에 사는 판자촌 주민들이 천에다 볼일을 보는 건 딱히 이상

---

56 서울의 천변 판자촌이 모두 사라진 것은 1970년대 중반이다.

한 일도 아니었다.[57]

반면에 천변이 개발되면서 쫓겨난 사람들이 모여 만든 고지대의 경우에는 사정이 달랐다. 똥오줌을 흘려보낼 물길이 없었기 때문에 따로 보관해두고서 똥오줌 수거업자가 오기를 기다려야 했다. 대개는 도심지역 내부나 인접한 곳에 위치해서 행정적으로 똥오줌 수거 지역에 해당되는 곳이었다. 그렇지만 수거업자들은 차량이 고지대를 오가기 어렵다고 핑계를 대거나 형식적으로 방문한 채 수거하지 않고 가버리는 경우가 많았다. 이런 지역들만 오가며 '비싼 값'에 똥오줌을 쳐가는 비공식 사영업자들이 성행했다. 예컨대, 당시 서울의 서쪽 끝에 있는 마포구 도화동에는 똥오줌 치는 사람들이 오기는 하지만, 이들은 시의 위탁업자들이 아니라 사영私營하는 자들이었고, 한 지게에 100환씩 받고 가져갔다. 문제는 이들이 쳐간 똥오줌의 처리법이었다. 사영업자들은 시정부가 운영하는 똥오줌 처리장을 이용할 수 없었고, 이를 대체할 마땅한 처리장을 마련하지 못해 마포 경성감옥 앞 공터에 똥오줌을 버리고 도망가기 일쑤였다.[58]

행정력의 부족과 사영업자의 활동은 도시의 경계에서 극명하게 드러났다. 1968년 한강 너머 영등포 지역 끄트머리에 위치한 신풍, 대방, 신남, 도림동 등의 지역에는 수거차량이 20여 일 이상 오지 않은 일도 있

---

57 「서울의 비대증 해부. 도시계획 백서에 의한 진단 (상)」, 『경향신문』 1963. 1. 16, 7 면.

58 「시장은 공약을 지켜라」, 『동아일보』 1961. 3. 17, 2면.

었다. 주민들이 영등포구청의 청소과와 인분수거대행업소에 수거해줄 것을 지속적으로 요청했지만, 도심 내부를 처리하는 데에도 차량이 부족한 상황이었다. 당시 영등포구에는 총 51개 동이 있었는데, 비수거동을 제외한 41개 동의 똥오줌을 수거하기 위해 구청은 차량 20대를 운영하고 있었다. 이런 상황에서 똥오줌을 쳐간 이들은 무허가 사영업자이었고, 그 값은 한 통에 기준가의 세 배가 넘는 20원에 달했다.[59]

국회 보사분과는 서울시청에 대한 국정감사에서 "영세 시민들이 사는 높은 지대와 변두리의 쓰레기, 인분 등의 수거가 엉망으로 시민보건을 위협하고 있다"며, 실질적인 청소와 장비의 현대화가 필요하다고 지적했다.[60] 이제 똥오줌 처리 문제는 인구가 늘어난 상황에서 실질적인 처리가 이루어져야 했으며, 이를 위해서는 청소 장비를 현대화하는 등 처리 체계가 필요했다.

6. 똥오줌 처리장 설치 시도

1960년대는 여러 사정으로 똥오줌의 처리 방식에 변화를 꾀했던 시기였다. 무엇보다 똥오줌으로 만든 인분비료의 소비가 줄어들고 있었다. 국제연합한국재건단(UNKRA)의 경제원조로 1959년에 건설된 충주비료

---

59 「감감 … 분뇨수거차」, 『경향신문』 1968. 4. 22, 8면.

60 「쓰레기수거 변두리 소홀」, 『동아일보』 1965. 11. 5, 4면.

공장이 1963년부터 연간 요소 8만 5,000톤에 달하는 비료를 생산하기 시작했고, 1964년에는 나주에도 제2비료공장이 설립되었다. 비슷한 시기에 거대 화학비료공장 7개가 들어섰고, 1968년에는 국내 총 수요량의 70%를 자급할 수 있었다.[61] 농가에서도 (자급비료를 줄이고) 다수확을 목적으로 비료의 종류를 요소나 염화칼리로 바꾸고 시비량 또한 늘리기 시작했다.[62] 이런 사정은 도시의 똥오줌 처리를 난감하게 만들었다. 구청과 계약을 한 업자들이건 비공식 사영업자들이건 인분비료를 판매할 곳이 줄어드니 굳이 똥오줌을 수거해 비료를 만들 이유가 없었다. 이에 똥오줌을 무단방류하는 일이 잦아졌다. 예컨대, 1969년 2월쯤 중구청과 성동구청 소속의 대행업체에서 운영하는 수거차 20여 대가 성동구 풍납동 362(구중교) 부근 길에다 인분을 쏟아버린 일이 벌어졌다. 수거차들이 길이 질척거린다면서 저장소까지 가지 않고 길거리에 인분을 쏟아버린 뒤 달아난 것이다.[63] '길'의 문제라기보다는 '이익'이 줄어든 당시 상황을 보여주는 대표적인 예다.

정부는 수거 능력을 확보하는 일만큼이나 똥오줌에 대해 비료를 대체할 처리법을 고민해야 했다. 보건사회부는 1968년 '분뇨처리 10년 계

---

61 최한석, 앞의 글, 1984.

62 정덕영·이교석, 「농경지 토양의 토질요소와 평가 방법의 검토」, 『농업과학연구』, 2009, 72쪽. 1984년에 이르면, 화학비료 생산량이 총 300만 톤으로, 내수비료를 자급하고도 연 100만 톤을 수출할 수 있는 수준에 올랐다. 그러나 수출이 어려웠던 탓에 화학비료 생산량을 줄여야 하는 사정이었다(최한석, 위의 글, 7쪽).

63 「대로변에 오물 버려」, 『경향신문』, 1969. 3. 22, 8면.

획'을 세웠다. 이 계획의 내용은 "1977년까지 전국 각 시·군·읍 소재지에 완전살균 장치가 된 분뇨저장탱크 306개를 설치하는 것"이었다.[64] 1969년 서울시는 동대문구 묵동, 영등포구 철산동, 방배동에 분뇨처리장을 운영하며, 하루 3,031킬로리터에 해당하는 분뇨를 처리했다.[65] 그러나 이 정도의 처리량은 전체 분뇨 발생량의 일부에 불과했고, 분뇨처리장 역시 '방류' 수준에 지나지 않았다. 심지어 제1한강교(현재의 한강대교)와 제2한강교(현재의 양화대교) 사이에서 물고기들이 떼로 죽어 떠오르기도 했는데, 이는 똥오줌이 한강 물에서 썩어 산소가 부족해진 게 원인이었다.[66] 직접적인 원인을 철산에 설치된 분뇨처리장으로 지목하기는 어렵지만, 분뇨처리장의 영향이 없다고는 할 수 없었다.

그즈음 보건사회부와 서울대학교 의대 보건대학원에서 실시한 '한강 본류에 대한 수질오염 조사'에서 한강 다수 지역이 산소량이 적고, 부패가 심하며, 대장균에 오염되어 있다는 결과가 나왔다. 이 조사 역시 "가

---

64 「분뇨처리 십년 계획 전염병 등 막기 위해」, 『동아일보』 1968. 1. 10, 3면.

65 1970년 국정감사자료에는 총 12개소의 분뇨처리저장소(저장탱크)가 근래까지 운영되었으며, 이 중 5개소(암사동, 역삼동, 신원리, 도내리, 독산동)가 폐쇄되었고, 2개소(방배동, 도봉동)가 매각처분되었으며, 남은 5개소(묵동1호, 묵동2호, 풍남동, 망원동, 철산리)가 사용 중이라고 밝혔다. 또한 남은 5개소 중에서도 묵동1호, 묵동2호, 풍남동을 폐쇄할 계획이라고 밝혔다. 그리고 성산동에 습식산화방식의 분뇨종말처리장을 설치할 계획이며, 연이어 장안평 하수처리장(중랑 하수처리장), 석관동 처리장, 신도림동 처리장 등을 추가로 설치할 계획임을 밝히고 있다. 서울특별시, 『청소국 현황―국정감사수감자료』, 1970 참조(서울도서관 소장).

66 「시민위생에 큰 위협」, 『동아일보』 1969. 11. 20, 1면.

정과 집단 생활지에서 발생하는 하수와 공업폐수, 불완전한 수세식 변소에서의 오물, 그리고 전답에서 사용하는 인분비료"가 한강 물에 뒤섞였기 때문이라고 원인을 진단했다. 이에 근거해 보사부는 가정에서 사용하는 질 나쁜 가루비누 제품과 수세식 변소에 대한 검사를 진행할 계획을 세웠지만,[67] 애초에 똥오줌을 '정화'할 만한 처리설비가 없는 당시 청소행정의 한계로 이해하는 게 마땅하다.

이른바 '분뇨처분장'이라는 방식은 1980년대까지도 문제가 됐다. 소규모 처분장은 '간이처리' 저장소였고, 그 위치는 대개 한강이나 하천 옆이었다. 처분장의 저장량이 일정 수위를 넘으면, 똥오줌의 일부를 한강으로 흘려보내는 구조였다. 이로 인해 1980년에 강서구 개화동 행주대교 바로 옆 한강변에 너비 3,000평, 깊이 5m에 달하는 처분장이 문제가 된 바 있다. 이 처분장은 1970년대 초 하천부지인 빈 땅에 간이저장소로 설치되어 10년간 운영되어왔다. 강서구는 똥오줌 수거량이 늘자 그 규모를 넓혔다. 문제가 된 1980년에만 하더라도 총 19개 수거업체가 그 저장소를 이용했는데, 하루 평균 170대의 수거차가 오가며 60여 만 리터의 똥오줌이 부려졌다. 문제는 이 분뇨처분장에서 한강으로 향하는 길이 100m, 너비 2m가량의 도랑으로 40여 만 리터의 똥오줌이 정화되지 않고 한강으로 쓸려내려가는 데 있었다.[68] 당시 서울시 환경국 관계자

---

67 「한강 물 식수에 부적不適: 보사부·보건대학원 공동조사서 밝혀」, 『경향신문』 1970. 4. 27, 7면.

68 이 분뇨처분장의 정체가 세상에 알려지자, 1980년 3월 서울지방검찰청은 서울시 환경국장과 청소과장 등을 소환해 조사를 했다. 게다가 검찰은 수거업체가 비용을

는 "(이) 간이처리장에서 방류되는 인분과 정화조 찌꺼기는 생분뇨에 비해 기생충, 대장균, 전염성 병원균이 제거되어 있기 때문에 비료로도 좋아 농작물에 피해를 주지 않고, 고기 등을 멸종시키는 일이 없다"고 주장했다. 그뿐만 아니라 "시내 5개 처리장의 시설용량이 2,800킬로리터이지만, 중랑천 처리장의 시설이 미비하고 각 처리장이 수리로 인해 연 60일간 가동이 중단되기 때문에, 하루의 실제 처리능력은 1,750킬로리터에 그쳐서 개화동의 처분장이 필요하다"고 말했다.[69] 그렇지만 2년 후 『경향신문』의 보도는 이 공무원의 말에 신빙성이 없음을 증언한다. "김포군과 고양군을 잇는 행주대교를 건너 옛날 나루터에 내려서면 강물의 오염은 과학적인 장비로 측정할 필요 없이 피부로 느낄 수 있을 만큼 극심하다. 소리 없이 흐르는 강은 맑음과는 거리가 먼 시꺼먼 색을 띠고 있으며 역겨운 냄새가 하수도를 방불케 하고 있다."[70]

무엇보다 도시에서 배출된 똥오줌이 '한강'으로 직접 방류되지 않게끔 하는 방안이 필요했는데, 그것은 바로 '하수처리장'이었다.[71] 1962년

줄이기 위해 몰래 방류한 것인지, 서울시의 관리감독은 어떠했는지, 서울시의 위생 처리시설 능력이 부족해 이런 사태가 발생한 것인지 등에 주목했다고 한다. 「행주대교 옆 한강에 인분찌꺼기 버려」, 『동아일보』 1980. 3. 13, 7면; 「검찰 서울시 환경국장 소환」, 『동아일보』 1980. 3. 14, 7면; 「한강에 분뇨 하루 4백 톤 쏟아붓는다」, 『한겨레』 1988. 6. 7, 7쪽.

69 「서울시 한강수원 보호. 엇갈린 처방」, 『동아일보』 1980. 3. 22, 7면.

70 「한강은 살아 있는가 (상): 행주대교~성산대교 '죽음'이 흐른다」, 『경향신문』 1982. 7. 7, 11면.

71 분뇨처분장은 '저장탱크'를 말하며, 하수처리장은 화학적 정화를 가능하게 하는 처

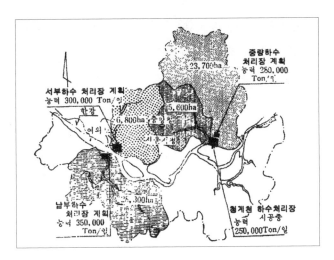

1970년 하수처리장의 설치 계획 정규영, 「우리 시의 하수처리실태와 계획―서울시의 하수처리와 계획실태」, 『도시문제』 5(10), 1970, 46쪽 재인용.

에 '청계천 하수처리장 사업계획'이 만들어졌고, 이에 입각해 해외원조를 받아 1970년에 공사를 시작했다.[72] 공사는 시작부터 하수관거와 하수처리장을 병행하여 진행되었다.[73] 하수처리장은 군자동의 청계 하수처리장뿐 아니라 "욱천(만초천: 서대문구 인왕산과 남산에서 발원하며, 삼각지 인근에서 합쳐져 한강으로 향하는 천)을 위시하여 공덕천, 봉원천, 홍제천, 불광천을 하수차집기로 유집, 서대문구 성산동에 처리장을 설치하고(서부 하

리장을 말한다.
72 정규영, 앞의 글, 1970, 37~38쪽.
73 위의 글, 39쪽.

수처리장), 대방천, 도림천을 포함한 안양천 하류인 영등포구 염창동에서 처리하며(남부 하수처리장), 중랑천(중랑천)은 현재 건설 중인 청계 하수처리장의 시설을 확장하여 처리하도록 각각 배수 구역별로 계획"하고 있었다. 이러한 계획은 실제로 1976년 청계천 하수처리장(1979년 중랑천 하수처리장 내부 확장), 1987년 난지 하수처리장(성산)과 가양 하수처리장(서남)의 설치로 이어졌고, 여기에 강남 개발의 영향으로 1987년 탄천 하수처리장까지 설립되었다.[74]

7. '하수'의 탄생

하수처리장이 설립되지 않았던 시기의 서울시 똥오줌 처리 상황은 매우 열악했다. 1970년에 똥오줌이 수세변소와 하수도를 통해 정해진 분뇨탱크로 이동되는 경우는 12.7%에 불과했고, 하천에 직접 버려지거나(11.1%), 분뇨탱크에 저장되거나(23.7%), 비료화되는 경우(12.8%), 하수도를 통해 청계천으로 방기되는 경우(5.9%)로 나뉘었다. 이 가운데 흡인식 트럭에 의해 운반되는 경우는 41%에 달했다. 처리 방법을 알 수 없는 기타의 경우는 33.8%에 달했는데, 사실상 하수처리장이 운영되기 직전의 똥오줌 처리 상황이란 마땅히 정해진 게 없다고 해도 과언이 아니었다.

서울시는 인구가 증가하면서 급속도로 늘어나는 똥오줌을 처리할 다

---

74 정규영, 앞의 글, 1970, 46쪽.

<表 2> 1970년 똥오줌 처리 방법

	1일	100%	비고
수세변소에 의한 처리	700m³	12.7%	
하천에다 버리는 것	614m³	11.1%	
분뇨탱크	1,307m³	23.7%	버큠로리(흡인식 트럭)에
농촌 환원	703m³	12.8%	의한 운반량 41%(2,254m³)
하수도 투입	323m³	5.9%	
기타	1,865m³	33.8%	

출처: 정규영, 「우리 시의 하수처리실태와 계획—서울시의 하수처리와 계획실태」, 『도시문제』 5(10), 1970, 50쪽 재인용.

른 방법을 고민해야 했다. 인분비료 방책은 이제 소용이 없고, 방류로 인한 환경오염이 심각해지는 상황에서 서울시가 새로운 계획으로 내세운 것이 '물'에 의한 화학적 정화였다.[75] 1960년대 후반까지도 기생충 전염이 줄지 않자 '위생적인 하수도'의 확보 및 똥오줌이 한강에 직접 방류되지 않도록 하고, 하수가 정화되면서 슬러지를 분리할 수 있는 '하수처리장' 설치 계획을 밝힌 것이다.[76] 하수처리장을 설치하는 일은 정화조와 하수관거 그리고 처리장이 연결된 체계를 만드는 것으로, 1970년대 초의 과제는 하수처리장을 설치하고 하수도를 정비하는 일이었다.

---

75 정규영, 「서울시의 하수처리문제와 수질보전책」, 『대한토목학회지』 19(1), 1971, 67쪽.

76 노인규, 「우리나라 기생충병 관리의 현황과 효율적 방안에 관한 연구」, 『예방의학회지』 3(1), 1970, 15쪽.

현재 서울시 하수거를 비롯하여 그 전부가 오수 및 우수를 겸한 합류식이나, 향후의 인구 증가와 아울러 생활수준과 문화수준의 향상을 추정한다면 청계천 하수량도 대폭 증가하게 될 것이고 한강수를 비롯한 강수의 오염도가 증가케 될 것이다. … 새로 발전하는 도시 지역에 대하여는 분리식 하수도 시설을 계획하여 종합하수계획에 적합되도록 함이 좋을 것이다. 일반 하수도는 도로를 정비할 때엔 선행 조건으로 하수도 재정비를 의무화함으로써 점차 시정될 것이다.

— 건설부 상하수도과, 「도시와 하수처리시설 — 우리 시의 하수처리실태와 계획: 하수도의 현황 및 계획」, 『도시문제』 5(10), 1970, 65쪽.

하수처리장과 하수도 정비 과정은 둘로 나뉘어 이뤄졌다. 우선은 구도심의 정비로 중구와 종로구에 땅을 파서 (암거식) 하수도를 설치했고, 이 하수도가 복개된 청계천을 통해 청계 하수처리장으로 이어지게 했다. 하수도를 새로 설치할 수 있었던 건 1960년대 후반부터 이뤄진 재개발 덕분이었다.[77] 다음으로, 새롭게 만들어지는 도시계획에 하수계획을 포함

---

77 초기 서울시 하수도는 부실·날림 공사로 문제가 많았다. 하수도 관거가 계절에 따라 터지는 사건이 발생하기도 했다. 1968년 건설된 서대문구 홍제동의 문화촌아파트(건설사 주택공사, 11평형 456가구)에는 아파트와 홍제천을 잇는 하수도 관거가 설치되어 있었는데, 입주한 지 얼마 지나지 않아 단지 내 하수도가 터졌고, 아파트를 지탱하고 있는 축대 틈으로 오물이 새어 나오는 사건이 발생했다. 1969년에 입주한 동대문구 창신동의 낙산시민아파트(건설사 성아산업 등, 1,262가구) 역시 마찬가지였다. 이 아파트에는 공동으로 사용하는 수세식 변소가 있었는데, 변소의 똥오줌이 아래층 천장으로 새어 나와 떨어졌다. 게다가 정화조의 똥오줌이 넘쳐 단지 바깥으로 흘러내린 일도 있었다. 이런 사정들은 '하수도'의 설치에 대한 사회적 인

1965년 청계천 복개 전과 후 (국가기록원 소장).

하는 일이었다. 건설부의 상하수도과는 "신흥 지역에는 도로계획에 선행하여 하수계획을 수립하고 제반 시설이 실시된 후 지상구조물을 시설하는 것을 원칙으로 할 것이 요망"[78]하다고 밝히기도 했다.[79] 청계천 하수처리장이 건설된 1976년을 전후로 서울시내의 하수도 보급률이 49%까지 높아졌고, 중랑천 하수처리장이 추가로 건설된 1979년에는 62.1%로, 서남 하수처리장, 망원 하수처리장, 탄천 하수처리장이 건설된 1987년에는 97.6%로 늘어났다.[80]

단지 하수관거와 하수처리장이 설치되었다고 해서 똥오줌 처리 상황이 나아진 것은 아니었다. '수세식 화장실' 역시 '하수관거'와 '하수처리장'이 거의 동시에 보급되어 상호간에 연결되어야 했다. 따라서 급선무는 4.65%(전체 변소 404,329개소 가운데 20,390개소)에 불과한 수세식 변소의 보급률을 높여야 했고, 이에 1972년 24%로, 1975년 58%로 늘릴 계획을 세웠다. 특히 청계천 하수처리장 설치에 맞춰 종로구와 중구 관내는

식을 나쁘게 하기도 했다. 「오물 파이프 또 터져」, 『동아일보』 1969. 6. 4, 4면; 「오물 흘러 대피 소동」, 『조선일보』 1970. 4. 15, 8면 참조.

78 건설부 상하수도과, 「도시와 하수처리시설 —우리 시의 하수처리실태와 계획: 하수도의 현황 및 계획」, 『도시문제』 5(10), 1970, 64쪽.

79 여의도 개발, 영동 개발 같은 1970년대 개발사업에서 하수계획이 어떻게 이뤄졌는지에 대해서는 추가적인 조사작업이 필요하다. 목동 개발의 경우에는 아파트와 서남 하수처리장과의 연결을 전제로 한 것으로 알려졌다.

80 86아시안게임과 88서울올림픽을 앞두고 서울시의 하수도 보급률이 급등했다. 1982년 68.8%에서 1983년 85.9%로 대거 보급됐다.

〈표 3〉 서울시 인구, 하수도 및 배수 관련 통계(1970~1990)

연도	총인구 (명)	하수도 보급률 (%)	배수계획 면적 (ha)	배수구역 면적 (ha)	하수도 총 연장 (km)
1970	5,433,198	27.9	26,170	7,310	1,463
1971	5,850,925	33.4	26,170	8,740	1.713
1972	6,076,143	36.0	26,170	9,430	1,845
1973	6,289,556	40.3	26,170	10,545	2,109
1974	6,541,500	44.1	26,240	11,574	2,343
1975	6,889,502	47.4	26,240	12,442	2,517
1976	7,254,958	49.0	26,240	12,856	2,780
1977	7,525,629	53.0	29,271	15,513	3,098
1978	7,823,195	57.0	30,123	17,170	3,639
1979	8,114,021	62.1	31,600	19,610	6,210
1980	8,364,379	64.8	31,869	20,663	6,558
1981	8,676,037	66.8	32,138	21,462	6,790
1982	8,916,481	68.8	32,407	22,296	7,032
1983	9,204,344	85.9	31,577	27,121	7,286
1984	9,501,413	89.2	31,613	28,190	7,589
1985	9,639,110	93.0	31,622	29,431	8,294
1986	9,798,542	96.0	32,296	31,021	8,343
1987	9,991,089	97.6	32,306	31,517	8,540
1988	10,286,503	98.3	32,306	31,749	8,551
1989	10,576,794	98.6	32,310	31,867	8,977
1990	10,612,577	98.1	32,632	32,013	9,122

주: 1. 하수도 보급률은 총인구에 대한 하수처리구역 내에 거주하는 인구 비율.
  2. 총인구는 주민등록 인구, 처리인구는 하수종말처리장이 설치된 지역 또는 관할 행정구역 내에 처리장이 없지만 타 지역에 설치된 처리장에서 처리하는 경우의 인구.
출처: 1. 1970~1982: 서울시, 『서울통계연보』.
  2. 1983~1990: 서울시, 『도표로 본 서울시 주요 행정통계』, 1994년, 2001년.

1972년까지 모두 보급률을 50%로 높이기로 했다.[81]

1969년 당시 대한건축사협회 서울지부의 간사였던 윤태현은 똥오줌과 같은 "오수는 일절 정화시설을 갖춘 수세식으로 개량 설치(하여) … 부패·여과·산화·소독 과정을 거쳐 완전히 정수되어 하수도로 빠"져야 한다고 강조했다. 그렇지만 아직 "정부가 특수건물 이외에 정화조 시설에 대한 구체적 방안"을 마련하지 않았고, "주택에 적합한 … 정화조가 아직 출현하지" 않은 상태였다.[82] 그래서 '수세식' 정화가 이루어질 수 있는 방법은 "취흡식取吸式의 면적으로 설치"가 가능해야 하며 "다량 생산으로 일반 보급이 용이하여 시공이 간편"해야 한다. "따라서 가격이 저렴하여 대중적"이고, 무엇보다 "소제掃除와 보수補修가 용이"하며 정화 과정이 "과학적으로 그 효능을 충분히 발휘할 수 있어야 한다."[83] 정부는 1974년 「오물청소법 시행규칙」을 개정하여 정화조 설치를 의무화했다. 특히 "하수처리장 처리 구역 안에 있고 하수관에 연결된 수세식 변소에는 (정화조가) 필요 없으나 그 외 지역은 모두 정화조를 두어야 하며, 정화조를 제대로 설치하지 않았다가 적발되면 과료를 물고, 당국에서 대집행까지 할 수" 있었다.[84] 이렇게 해서 일반 가정에도 정화조가 설치되었

---

81 정규영, 1970, 51쪽 참조.

82 "재래식 정화조는 시공비가 고가이며 공기工期가 오래 걸리며, 점유 면적이 커야 하는" 것처럼, 이전까지의 똥오줌 처리 체계가 실용화되기 힘든 여건이었다. 「나의 제언: 수세식 생활의 시급성」, 『매일경제』 1969. 3. 27, 3면.

83 「나의 제언: 수세식 생활의 시급성」, 『매일경제』 1969. 3. 27, 3면.

84 최근에는 똥오줌이 정화조를 거쳐 하수도로 배출되는 방식으로 변화하였다. 「오물

고, 흡인식 트럭을 통해 일반 주택의 똥오줌을 수거하여 하수처리장으로 운반하기 시작했다.

8. 하수와 통치

똥오줌이 제도적으로 하수가 된 과정은 근대국가에서 이뤄지는 엄격한 통치의 한 전형을 보여준다. 이 제도적 하수화는 다음과 같은 입법 과정을 겪었다. 「하수도법」을 통해 똥오줌의 정의가 "(분뇨로서) 수거식 화장실에서 수거되는 액체성 또는 고체성의 오염물질(개인하수처리시설의 청소 과정에서 발생하는 찌꺼기를 포함한다)"이 되었으며, 같은 법에 의해 공공하수처리시설이 아닌 그 어떤 처리 방법도 엄격히 금지되고 있다.[85]

똥오줌의 엄격한 제도적 하수화는 결과적으로 다수의 공리를 보장했으며, 한국 사회의 위생 수준과 공중보건의 수준을 높였다는 점을 부인할 생각은 없다. 다만, 강력한 제도화를 기초로 한 사회적 인식에 의해 '새로운 상상'의 가능성이 극히 낮아진 대상이 되었다는 점을 말하고 싶다. 예컨대, '똥오줌의 쓸모'를 말할 수 없는 상태 말이다. 과거 똥오줌은 위험하기는 해도 비료가 부족한 사회에서 꽤 쓰임새가 있었다.[86] 물론 기

청소 새 시행규칙」, 『동아일보』 1974. 2. 11, 6면.

85 「하수도법」(법률 17582호, 2021년 7월 6일 시행).

86 인분비료의 농업 이용이 절대적으로 긍정적인지에 대해서는 판단을 유보하고자 한다.

생충 전염의 위험이 도사리고 있었지만, 식량이 부족한 상황에서는 감수할 수도 있는 것이었다.

똥오줌의 사회적 지위가 변한 건, 국가가 인분비료의 위험성을 공중에 알리며 제도적으로 금지한 데서부터였다. 이 과정은 아쉽게도 똥오줌의 위생적인 '개발' 여지를 막았고, 더 나아가 똥오줌에 대한 논의를 극단적으로 만들기도 했다. 예컨대 똥오줌을 임의로 처리하는 일은 반위생적이라는 주장과 똥오줌을 적극적으로 이용해 자연순환을 가능케 해야 한다는 주장이 대립했다. 어느 편이 옳다고 볼 수는 없다. 이 상황은 '과학'과 '대안'이 부딪치는 현장이기 때문이다.

지금까지 똥오줌에 대한 사회의 인식과 대처 방식을 반성하기 위해 우리는 강력한 통치가 무엇에 의해 어떻게 가능했는지 다시금 살펴야 한다. 더욱이 한국 사회가 '과학'과 '대안'이 부딪치는 처지임을 인정해야 한다. 20세기의 어떤 순간에 강력하게 구축된 과학적이며 공학적인 생태계를 돌아보며, 어떤 이점과 한계가 있었는지 명확히 살펴보는 일은 그래서 중요하다.◉

3장 | '밥 – 똥 순환'의 차단과 '두엄 – 화학비료'의 숨바꼭질

1. '밥-똥 순환'과 차단

오늘도 수세식 변기에 앉아 똥을 눈다. 레버만 내리면 방금 전까지 내 몸 안에 있던 그것은 물과 함께 흘러내려간다. 눈에서 보이지 않으니 쉽게 잊고 위생적이기도 하다. 하지만 그 똥은 하천으로 떠내려간다. 물과 에너지를 낭비하고 강물과 바다에 생태적 부담을 줄 수밖에 없다. 경제적 측면을 보자면 개인은 수도료와 전기료를 부담하지만 똥을 처리하는 자본들은 막대한 부를 축적한다.

불과 몇십 년 전만 해도 사정은 많이 달랐다. 밖에 있다가도 똥이 마려우면 급하게 집으로 돌아왔다. 똥이 생태적 부담이 거의 없는 귀중한 비료였기 때문이다. 농사를 짓지 않는 집에서는 똥을 팔아 적으나마 살림에 보태기도 했다. 그러나 인간의 똥 1그램에는 1,000만 개의 바이러스, 100만 개의 박테리아, 1,000마리의 기생충이 있어 콜레라 등 각종 감염병의 원천물질이기도 하다. 똥 때문에 원인 모를 질병에 시달리거나 죽는 일도 드물지 않았다.

콜레라 등 수인성 질환의 원인이 대부분 똥에 있다는 사실을 밝혀낸 것은 서구 근대과학의 기여가 크다. 근대화와 동시에 도시 인구가 급증하자 똥 처리 역시 골치 아픈 일이었는데, 서구는 근대과학에 힘입어 수세식 변기 시스템을 발전시키고 위생의 증진에도 성공한다. 그 후 그들은 비서구 지역으로 진출했고, 그곳의 똥더미들을 야만의 상징으로 여겼다. 이처럼 우리가 매일 사용하는 변기 하나에도 근대화 이후 몇백 년 동안의 인류 역사가 숨어 있다. 이 글은 서구와 한국이 만나는 시기에 주목하면서, 그 궤적에서 어떤 일이 일어났는지를 추적한다.

　다른 많은 동물과 마찬가지로 인간은 물질대사, 특히 먹고 싸는 물질대사를 통해서 생명을 이어간다. 동아시아에서는 중국 송宋나라 때부터 본격화된 인분농업, 즉 사람의 똥(인분)을 거름으로 활용하는 전통 농법이 발달했고 꽤 늦게까지 남아 있었다. 인간의 똥이 다른 생명(주로 식물과 미생물)의 밥이었으며, 인간은 다시 그 생명들을 섭취하여 생명을 유지해온 것이다. 이를 필자는 '밥-똥 순환'이라 부른다.

　밥-똥 순환의 인식은, 다른 많은 동물과 마찬가지로 인간 역시 '먹고 싸는' 생명체임을 나날이 확인하는 일이다. 이는 서구 근대적 인간중심주의와 대조적이며, 자연스럽게 기氣철학의 인식론과 강력히 관련된다. 동아시아의 순환적 세계관, 특히 기철학에서 똥을 포함한 만물은 기氣가 모였다가 흩어지는 것이고, 인간도 그 순환 체계의 일부로서 생멸하는 존재에 불과하다.

　똥의 위생담론은 다른 많은 근대적 산물과 마찬가지로 서구에서 시작되었으며, 20세기 초 식민지였던 조선에서 밥-똥 순환의 감각과 충돌했다. 때마침 크게 유행했던 콜레라와 장티푸스 등의 원인으로 똥이 지목되고 화학비료가 급속하게 보급되면서 밥-똥 순환의 전통적 인식은 거의 소멸되었다.

　전근대 시기 동아시아 사람들은 똥을 접한 오랜 경험을 통해 똥이 매우 유용한 비료인 동시에 잘못 다루면 매우 위험하다는 점 또한 알고 있었다. 이런 경험지經驗知가 축적된 결과, 똥을 대체로 비루한 사물로 간주하면서도 그 가치에 대해서 긍정하는 양가적 인식과 문화가 만들어졌다. 똥은 밥이면서 위험이고, 생명이면서 죽음이었다. 소중하지만, 조심스럽게 다루지 않으면 위험한 성격의 것이었다. '뒷간의 신'을 섬기는 측신廁神 신앙 또한 이런 양가성 때문에 생겨난 것으로 추정된다.

이렇듯 동아시아에서 밥-똥 순환은 생존의 가장 근본적인 운동이었으며, 똥에 대한 인식 역시 양가적이었다. 하지만 근대 이후 똥이란 '더러운 것'이라고 치부하는 인식이 널리 퍼졌다. 똥에 대한 양가적 인식이 이분법적 인식으로 이행된 것이다. 이를 필자는 '똥의 비천화卑賤化'라고 부른다.

이 과정에서 어떤 일들이 왜 일어났는지 이해하기 위해서는 다양한 요인을 검토해야 한다. 이 글은 서구적 위생담론의 전파 및 화학비료의 보급에 주목하지만, 그 밖에도 내셔널리티, 동아시아의 순환론적 세계관과 서구적 인간중심주의, 유용한 것과 미적인 것의 근대적 분리, 경제지상주의적 근대화를 두루 살펴본다. 똥의 양가성 중에서 어떤 하나가 특정한 계급에서 집중적으로 강조되는 현상은 주목할 만하다. 예컨대 전근대 시기에 똥비료를 다루는 농부들의 계급이 매우 낮았다는 점은 똥의 양가성 중에서 비천성이 압도적으로 작동하는 사회적 현상과 긴밀하게 관련될 것이다. 또 동서양을 막론하고 똥은 희극의 단골 소재 중 하나이지만, 귀족적 장르인 비극에서는 거의 외면된다. 똥은 언어와 문학에 의해 계급과 연결되는 것이다.

'생명이면서 죽음인 똥'은 우리가 매일 목도하면서 고약한 냄새를 풍기고 똥독(糞毒)의 위험도 있었으므로, 매우 강력한 은유의 원관념으로 폭넓게 활용되어왔다. 똥갈보·똥고집·똥배짱·똥칠·똥통·똥창·똥값·개똥밭·똥배 등 비교적 오래된 관용어들이 똥차·똥볼·똥군기·똥손·개똥녀 등 신조어로 이어지고 있는 언어적 현상은 그 은유 중 일부이다. 이처럼 일상어에서 확인되는 지배적 인식은 어떤 의미를 지니는가. 또한 똥에 대한 문인들의 인식은 일상적 인식과 어떻게 같고 다른가.

다소 앞질러 말하자면, 근대 이행기 위생담론은 인간의 가장 기본적 생명 현상인 밥-똥 순환에서 똥을 분리하고 이를 비천화하는 고정관념이 자리 잡도록 했다. 뒤이어 화학비료를 똥거름의 대체재로 제공함으로써 이러한 고정관념은 확고하게 정착되었다. 그러나 막상 한국에서 화학비료는 1970~1980년대에야 똥비료를 거의 대체할 뿐, 식민지 시기에는 똥비료가 훨씬 많이 사용되었다. 똥비료가 농업사회 조선의 기반이었음에도 불구하고, 이 시기에 똥은 문화적으로는 혐오의 대상으로 전락해버렸다.

이 글은 먼저 화학비료가 보급되는 과정에서 자본과 권력, 그리고 과학과 위생담론이 어떻게 작동했는지를 검토한다. 이어 식민지 시기 텍스트 속에서 밥-똥 순환과 똥의 비천화가 어떻게 배치되어 있는지를 살핀다. 이를 위해 밥-똥 순환의 감각이 비교적 강력하게 남아 있던 농촌을 배경으로 한 소설을 주로 다루되, 그렇지 않았던 도시소설 및 신문기사와 대조한다. 전통적 인식과 새로운 근대적 인식이 착종되는 시기가 식민지 시기라면, 다른 예술들과 마찬가지로 문학이 기존의 지배적 관념에서 자유롭지 못한 동시에 이를 전복시키고자 한다면, 똥에 대한 인식은 착종적으로 나타날 것이다. 특히 농촌소설은 도시소설이나 신문기사와는 꽤 다른 양상을 보일 것이다.

다루는 범위는 1926~1939년으로 한정한다. 1926년부터 조선총독부가 화학비료 보급에 본격적으로 나섰다는 점, 홍남질소비료공장이 1930년에 완공(1927년 착공)되어 생산량이 급증했다는 점, 이후 총력전 체제하에서 질소비료공장이 화약 생산 중심으로 전환되어 화학비료 공급도 격감했다는 점 등을 감안한 것이다. 똥을 정면적으로 다룬 작품들도 제법 있지만[1] 각각에 대해 따로 세밀한 논의가 필요하므로, 이 글은 단어나 문장 차원에서 언급하는 작품을 살피면서 큰 흐름만 개괄한다.

2. 똥, 자원에서 오염원으로: 비문학 텍스트의 위생담론

조선 후기를 중심으로 '분뇨서사'를 검토한 김용선에 따르면 "기록서사뿐 아니라 구전서사에서 보이는 분뇨서사들이 모두 분糞이 지닌 경제적 가치를 함의含意하고" 있다. 예컨대『북학의北學議』에서 한양의 똥거름을 제대로 활용하지 못하는 현상을 "수만 섬의 곡식을 버리는 짓과 똑같다"며 개탄했고,『예덕선생전穢德先生傳』에서는 분뇨수거인 엄씨의 한 해 수입이 600냥이라고 밝히고 있다. 똥비료의 가치를 역설하는 동시에 똥과 분뇨수거인을 더러운 사물(인간)로 인식하고 있음도 분명하다. 조선 후기에 도시화가 진행되면서 도시에서는 똥이 넘쳐나고 시골에서는

---

1 김동인의「K박사의 연구」(1929), 염상섭의「똥파리와 그의 안해」(1929), 이광수의「무명」(1939), 박태원의「골목 안」(1939) 등.

똥비료가 부족하게 되었던 바, 실학파의 문제의식은 이를 어떻게 해결할 것인가에 있었다.

하지만 근대화가 시작되면서 똥에 대한 인식도 급변한다. 널리 알려진 대로 김옥균은 「치도약론治道略論」(1884)에서 "내가 들으니, 외국 사람이 우리나라에 왔다 가면 반드시 사람들에게 말하기를 '조선은 비록 산천이 아름다우나 사람이 적어서 부강해지기는 어려울 것이다. 그보다도 사람과 짐승의 똥, 오줌이 길에 가득하니 이것이 더 두려운 일이다'라고 한다 하니 어찌 차마 들을 수 있는 말인가"라고 개탄했다. 당시 서구에서 유행하던 독기론毒氣論에 경도되면서 똥은 매우 위험한 전염원이라고 본 것이다. 한국을 방문했던 '외국 사람'의 시각을 거의 그대로 승인하며 서구라는 대타자의 시선이 강하게 부각된다. 물론 개화파는 서구 근대의 똥 처리 방식과는 달리 똥거름 활용을 위한 제도개선책도 함께 제시했지만, '똥=위험한 전염원'이라는 주장이 훨씬 강조되었고, 또 대중에게 커다란 인식적 충격을 주었음은 분명하다. 똥을 '위협이나 공포의 대상'으로 처음 낙인찍은 셈이다.

1900년대 언론들 역시 비슷하게 위생담론을 강조했다. "세상에서 제일 더러운 것이 무엇이냐 하면 사람의 똥이라 하니, 똥은 음식을 먹고 썩어 나온 물건인데 냄새가 더욱 구려 사람마다 더럽게 아는 것이니"(『대한매일신보』 1907. 11. 14) "똥통과 부엌이 한데 붙어 음식 기운에 똥 냄새가 바람결에 혼합하니 구역질나서 못 살겠네"(『대한매일신보』 1907. 4. 16)라는 구절은 그 일부에 지나지 않는다.

물론 언론의 성격에 따라 편차는 있었다. 『대한매일신보』와 『황성신문」은 조선총독부의 강압적 위생행정에 대한 비판이나 똥비료의 감각도 위생담론과 함께 다루었다. "쌀은 현재의 생명이요, 똥은 미래의 생명이로다"(『대한매일신보』 1908. 10. 11), "제 똥 주고 값을 내니 개화법은 이러한가 / 장래 위생 고사하고 금일 당장 못 살겠네 / 남의 탓을 할 것 있나 똥구멍이 원수로다"(『대한매일신보』 1908. 10. 23) 같은 대목에서는 똥-밥 순환이나 똥거름의 사회경제적 가치에 대한 인식이 잔여적 형태로 남아 있기도 하다.

"제 똥 주고 값을 내니 개화법은 이러한가"라는 항변에 대해서는 잠깐 덧붙여 설명할 필요가 있다. 조선 후기와 식민지 초기에 한성 같은 대도시에서는 대체로 똥 장수(糞商)가 무상으로 가져갔던 듯하지만, 중소도시에서는 똥거름을 자신의 텃밭에 쓰기도 했고, 똥 장수나 농민에게 똥을 퍼가도록 허락하는 대신 일정한 대가를 받기도 했다. 그러나 「한성위

그림: 전지우(유니스트)

생회 규칙」(1907), 「제예규칙除穢規則」(1908), 「청결법」(1909) 등이 시행되면서 민간 똥 장수나 농민이 맡던 대도시의 똥 처리는 공공기관 또는 허가받은 사기업으로 이관된다. 그 과정에서 도시민은 위생 증진의 수혜자로 간주되고, 똥 값을 받기는커녕 그 비용을 부담하도록 강제되었다. '제 똥 주고 값을 내야' 하는 상황으로 역전된 것이다.

그러한 노력에도 불구하고 한성의 똥오줌 처리는 여전히 골칫거리였다. 수거조차 제대로 되지 않는 형편이었으니 비료 활용은 뒷전으로 밀릴 수밖에 없었다. 식민지 시기 내내 똥은 주로 하천에 흘려보내거나 매립되었으며, 비료 활용은 지지부진했다. 게다가 각종 수인성水因性 질병이 크게 유행하면서(1895년·1907년·1909년의 콜레라, 1920년의 장티푸스) 똥은 생명을 위협하는 하나로 지목되었고, 위생담론은 급속도로 전파되었다. 이런 과정을 통해 똥을 전염원 또는 오염원으로만 간주하는 위생담론이 문명화의 중요한 과제로서 급속하게 주류화되었는데, 특히 도시민들에게 그러했다.

결국 이 시기에 도시민들을 중심으로 진행된 똥의 비천화는 다음과 같은 세 요인이 작동한 결과라고 할 수 있겠다. 첫째, 도시화가 가속되는 반면에 분뇨처리 행정은 비효율적이었다는 점. 둘째, 비슷한 시기에 크게 유행했던 수인성 질병의 주요 원인으로 똥이 지목되었으며, 그 퇴치에 근대 의학과 보건행정이 적지 않게 기여했다는 점. 셋째, 식민지화의 위기의식이 근대화 지상주의로 이행되면서 위생담론 역시 강력해졌다는 점이다.

근대전환기 똥의 처리 방식에 대한 실증적 연구는 2010년대 들어 도시 연구의 일환으로 활성화되었다. 그러나 담론적 연구는 찾아보기 어려운데 1920년대 이후에 대해서는 특히 그렇다. 신동원, 고미숙 등이 주도한 위생담론 연구에서 부분적으로 똥을 다루고 있지만 대체로 1910년대까지로 국한되었다. 이 글의 주제는 아니지만, 위생담론의 사회적 확산을 짐작해보기 위해 당대 언론 기사를 간략하게 검토해보자.

『동아일보』 1920~1939년 기사에서 단어 '똥'과 그 대체어인 '대변', '분뇨'를 사용한 기사의 건수를 대비해보면, 1920년대에 '똥'이라는 단어는 40% 이상의 비중을 차지했지만(평균 42.4%), 1930년대에는 30% 이하(평균 27.2%)로 떨어지며, '대변'이나 '분뇨' 등의 완곡어법은 그만큼 증가한다.

단어 '똥'을 직접 사용한 기사들은 혐오물의 상징, '제때 치워가지 않는다'는 민원, 지역 및 민족 차별적인 똥 수거 행태에 대한 비판, '조선인의 똥만 더러우냐'는 식의 민족주의적 항변, 똥 수거 인부의 파업 등이 대부분이다. 똥을 비료로 다루는 기사는 거의 찾아보기 어렵다. 요컨대 즉물적 대상으로서 똥을 지칭할 때는 대변이나 분뇨 등 완곡어법을 사용하는 언론의 관례가 형성되는 추세를 확인할 수 있는데, 이런 완곡어법은 똥을 시야에서 차단해야 할 대상으로 인식하는 것이며, 똥을 비료로 다루는 실학파적 인식은 거의 사라졌음을 말해준다.

1939년에는 "재래 냄새나는 똥구루마의 노상 운반을 정지하고 지하에 관을 묻어서 유송하는"(『동아일보』 1939. 1. 8) '대경성 건설보大京城建設譜'가 보도된다. 똥을 도시에서 눈에 띄지 않도록 완벽하게 추방하려는 한국 최초의 사업이었다. 이처럼 수세식 관으로 운반하면 똥오줌과 각종 하수가 섞이게 되어 비료로 활용할 수 없는데, 이에 대한 우려나 비판은 기사에서 전혀 보이지 않는다. 김옥균이 「치도약론」에서 보여준 위생담론 및 시각적 차폐의 인식과 "대소변 같은 말은 당초에 옮기는 것이 실례요"(『독립신문』 1896. 5. 19)와 같은 금기의 감각이 1920년대 이후 신문 기사들에서 점차 공고해진 것을 확인할 수 있다. 이는 위생담론의 승리이자, 농사와는 관련이 멀어진 도시인의 감각이 공론장으로서의 신문지면을 지배하고 있음을 의미한다. 이런 점들을 종합해볼 때, 똥의 완곡어법 증가는 단지 공론장에서 품위 있는 단어를 사용해야 한다는 인식 때문만은 아니라는 점을 짐작하게 한다.

그러나 화학비료의 보급은 1926년에야 본격적으로 이루어졌으며, 그이후로도 식민 통치 내내 똥거름의 사용이 오히려 더 주가 되었다. 그럼에도 결국 밥-똥 순환의 감각은 거의 사라졌는데, 대체재인 화학비료 보급은 뒤따르지 못하고 있는 상황이었다. 그 급박함은 조선의 다른 근대화와 비슷했지만, 똥비료를 쓰는 농촌의 현실과 괴리가 크다는 점에서 특히 문제적이었다. 1934년에는 똥 때문에 이웃 간에 시비가 붙어 살인에 이르는 비극이 일어나기도 했다. 어린아이가 남의 집 마당에 몰래 똥을 싼 것이 원인이었다(『조선중앙일보』 1934. 9. 7). 농촌에서는 남의 집에 갔다가도 똥이 마려우면 자기 집으로 돌아와 누는 게 당연하게 여겨질 만큼 똥을 귀하게 여겼지만, 대도시에서는 어린아이의 똥마저 오염과 혐오의 상징으로 비천화한 것이다. 이른바 '비동시적인 것의 동시성'은 똥의 사회문화에서도 어김없이 드러난 셈이다.

3. 완곡, 차폐, 대체: 문학 텍스트의 착종적 인식

화학비료의 거부와 절충: 농촌소설의 경우

조선총독부는 1926년 제2차 농업진흥사업을 시작하면서 농사개량자금으로 4,000만 엔을 별도로 마련하고 그 80%를 화학비료 보급에 돌리는 등 매우 적극적으로 나섰다. 그러나 그 정책자금 대부분은 일본인 소유의 대농에 집중된 데다 지주들이 고율의 소작료에 비료값까지 소작인에게 떠넘기는 경향이 강해 소작인들은 오히려 손해를 보곤 했으며, 비료 보급량 또한 충분하지 않았다고 한다. 그럼에도 놀라운 증산 효과가 있는 화학비료는 농민들의 핵심적 관심사 중 하나였으며, 농촌소설 역시 [이광수의 『흙』(1932) 같은 예외도 있지만[2]] 이를 주요하게 다루었다. 먼저 박영준의 「모범경작생」(1934)을 살펴보자.

"금년엔 나두 길서네처럼 금비를 사다가 한번 논에 뿌려봤으면……. 길

---

2 이광수는 『흙』(문학과지성사, 2005)에서 똥비료를 전혀 다루지 않으며 '똥'이라는 단어는 6회 사용했다. "에끼 시골뜨기, 에끼 똥물에 튀길 녀석"(157쪽), "시골 모내는 계집애 입 맞추던 입에서는 똥거름 냄새가 난다나"(207쪽), "똥이나 먹으라지 오쟁이나 지고"(458쪽) 그리고 하인을 '똥이 할머니'라고 부르기도 한다(486쪽). 특히 "이질이나 장질부사 환자의 똥에 앉았던 파리들은 그 발에 수없는 균을 묻혀 가지고 부엌으로"(191쪽)라든가, "오줌 똥을 잘 소독해야 하는 것"(225쪽)을 장질부사 치료법 중 하나로 열거하고 있는 대목이 주목할 만하다. 대체로 신문기사나 도시소설과 비슷하게, 똥은 비천화되면서 위생담론은 더욱 강력해졌다.

서는 밭에다 조합비료래나 … 암모니아를 친대. 그것을 한번 해보았으면
좋겠는데 ……."(중략)

"말 말게, 골메(동네 이름)서는 누가 돈을 빚내다가 그것을 했다는데 본
전두 못 빼구 빚만 남았다네."

"그럼 웃동네 니룩이네도 녹았대더라, 설사 잘된다 한들 우리가 많이
먹을 듯하나? 소작료가 올라가면 그뿐이야."

"글쎄 말이야, 금비라는 게 또 못살게 하는 거거든, 그것은 어떤 놈이
만들었는지 모르지만 아마 돈 있는 놈이 만들었을 게야. 빚 안 내고 농사
를 지어도 굶을 지경인데 빚까지 내래니 살 수 있나."

'금비金肥'란 돈을 주고 사는 비료를 통칭하며, 콩깻묵 등이 대표적인
전근대적 금비이다. 하지만 근대화 이후에 금비는 거의 예외 없이 화학
비료를 가리킨다. 박영준은 금비에 대한 농민의 욕구를 제시하고는 곧바
로 이를 경계한다. 화학비료는 놀라운 수확 증대를 기대할 수 있었지만,
농민 대부분은 그것에 접근할 수 없었다. 수확량이 늘면 더 가난해지는
'증산에 의한 빈곤'은 물론 시장의 가격체계 때문이었다. 화학비료 보급
을 위한 조선총독부의 정책적 개입 역시 일부 특권층에만 혜택이 돌아갔
다. 극도의 궁핍에 굶주리던 농민들에게 화학비료란 굶주림에서 벗어날
희망을 보인 뒤 곧바로 박탈해버리는 것에 불과했다. 과학으로 가능해진
생산성 향상의 결과물이 자본과 권력층에 독점되면서 대중이 소외되었
으니, 금비를 "돈 있는 놈이 만들었을 게야"라는 언급은 정곡을 찌른다.
화학비료 대신 사용했을 똥비료에 대해 아무 언급이 없는 점도 주목

할 만하다. '빚 안 내고 농사를' 지을 수 있어 농촌에서 널리 사용되던 똥비료는 작품에서는 드러나지 않는다. 환금가치라는 기준에 의해 금비나 돈 등과 대조되면서도 막상 그 존재의 물질성을 드러내지는 않는, '숨겨진 드러남'이다. 측신 신앙으로까지 이어졌던 '똥-밥 순환'의 감각은 사라졌으며, 똥비료는 단지 자원으로, 그것도 어쩔 수 없이 사용할 수밖에 없는 것 정도로만 인식되는 셈이다. 위생담론과 화학비료라는 서구 근대와 과학의 힘에 대한 압도와 선망, 그럼에도 이 근대적 산물을 포기할 수밖에 없는 현실이 착종적으로 나타나는 것이리라. 이무영의 「제일과 제일장」(1939)은 이와는 상당히 대조적이다.

> 나가보면 김 영감의 삼태기에는 벌써 쇠똥이 그득하게 담겨져 있었다. (중략) "그까짓 암모니아에 대? 그걸 한 가마에 오원 씩 주고 사다 넣느니 이놈을 며칠 주웠으면 돈 벌구 거름 생기구 … 자 어서 차빌 차려라. 네 댁도 깨우구. 해가 똥구먹까지 치밀었는데 몸이 근지로워 어떻게 질편히 눴단 말이냐."

이 작품은 신학문을 배운 부부가 귀농해서 무학의 아버지에게 농사를 배우는 서사를 채택하고 있다. '농민에게 배운다'는 작품 구도를 설정한 만큼, 조선적 전통(농촌에 비교적 잘 보존되어 있는)의 계승을 설득하는 데 방점을 찍는다. 그 계승의 정당성 호소는 경제 논리도 일부 동원되지만 주로 정서에 의존하며, 특히 후각에 의한 정서의 환기가 두드러진다. 예컨대 "사람이란 흙내를 맡아야 하느니라", "아버지가 늘 말하던 소위

'흙냄새'와 '된장 내'란 결국 이런 애정을 의미한 것이 아닐까" 등의 대목
이 그러하다. 똥비료를 긍정하기 위해서 '흙냄새'와 '된장 내'가 동원되어
야 했던 것이다. 이는 농촌의 기성세대와 달리, 이 대사를 듣는 아들 부
부 그리고 도회의 독자들에게 똥은 이미 혐오의 대상으로 비천화되었기
때문이 아닐까. 이미 위생담론에 의해 오염원으로 낙인찍혔으니, '흙냄
새'와 '된장 내'라는 긍정성 요소들을 은유로 동원해야만 설득력을 획득
한다고 작가는 판단했으리라.

　이 작품은 화학비료의 긍정성에 대해서는 아예 언급하지 않는다. 대
신에 '해가 똥구멍까지 치밀었는데'에서 보듯이 농민에게 근면성을 배워
야 함을 농민 특유의 육체적 언어를 통해 강조한다. 물론 이런 식의 접근
은 다소 관념적이다. 당대 농민의 빈궁은 단지 근면함을 통해 해결될 수
있는 차원이 아니었던 데다, 화학비료는 너무 비싸서 문제일 뿐이지 수
확 증대를 가능케 해주는 매력적인 상품이기도 했다. 예컨대 앞서 살핀
박영준의 「모범경작생」에는 "볏대가 훨씬 큰데 이삭이 한길만큼 늘어선
것이 여간 부럽지 않았다. (중략) 나도 내 땅이 있어 비료만 많이 하면 이
삼곱을 내겠다. 그까짓 거……."라는 화학비료 선망이 그려진다. 근대에
보급된 모든 박래품이 그랬듯이.

　박영준과 이무영은 똥비료의 활용을 언급하고 있으며, 이는 당대 신
문기사와는 사뭇 다르다. 하지만 박영준이 금비를 쓰고 싶다는 농부의
욕망을 제시한 뒤에 이를 경계했다면, 이무영은 금비를 아예 제시하지
않는다는 점에서는 구별된다. 심훈의 『상록수』(1935)는 이 두 작품, 이
두 비료 사이에서 절충적 인식을 보여준다. 작품 도입부에서부터 똥의

재현 장면을 차례로 살펴보자.

"값빗싼 향수나 장미꽃의 향기를 맡어오던 후각이, 거름 구덩이 속에서
두엄 썩는 냄새가 밥 재치는 냄새처럼 구수허게 맡추어지게까지 돼야만
비로소 지도자로서의 자격이 생길 줄 알어요."

작품 초반부에서 동혁이 서울의 '백 선생' 집에 초대받았을 때 하는
대사인데, 이를 계기로 영신은 동혁에 호감을 갖게 되고 결국 귀향한다.
농촌운동은 담론의 차원이 아니라 육체적 감각으로까지 이행되어야 한
다고 주장하며, 그 상징으로서 똥비료나 똥-밥 순환의 감각이 동원되는
것이다. 뒤이어 똥비료와 화학비료의 결합으로 변주되어 나타난다.

바소쿠리 지게에 거름을 지고 낑낑거리고 와서 퍼는데 퇴비 같은 거츤
거름은 누르고, 재 같은 몽근 거름은 손으로 내저어 골고로 편다.

"그런 뒤에 유산암모니아 같은 속효비료를 주면 무럭무럭 자랄 게 아니
여요?"

똥비료와 화학비료의 혼용은, 화학비료가 증산은 가능케 해주지만 공
급량도 충분치 않고 비용도 만만치 않았음을 감안할 때 현실적인 대안
일 수 있었다. 박영준이 지적했던 화학비료의 '증산에 의한 빈곤'의 아이
러니 성격에 대해서는 구체적으로 언급하지 않는다. 물론 심훈의 인식이

미치지 못했을 수도 있겠지만, 구체적으로 섞어 쓰는 비율에 따라서 경제성이 달라질 수도 있는 복잡함이 작동했을 수도 있겠다.

이 비료 혼용의 제안은 동혁이 전력을 기울이던 마을회관이 토호에게 넘어가는 위기에 다시 등장하여 동혁의 인식적 전기를 제공한다.

> 이제까지 단체를 조직하고 글을 가르치고 회관을 번듯하게 지으려고 한 것은 요컨대 메마른 땅에다 암모니아나 과린산석회 같은 화학비료를 주어 농작물이 그저 엉부렁하게 자라는 것을 보려는, 성급한 수단이 아니었든가. (중략) 먼저 밑거름을 해야 한다. 흠씬 썩은 퇴비를 깊숙이 주어서 논바닥이 시컴엇토록 걸게 한 뒤에, 곡식을 심는 것이 일의 순서다. 그런데 나는, 그 순서를 바꾸지 않았든가?

농촌의 현실을 알지 못하면서 계몽의 주체를 자임하던 '백 선생'을 향한 동혁의 비판에서 시작한 『상록수』는 이 대목에 이르러 그 비판이 동혁 자신에게도 적용됨을 깨닫게 만든다. 이 깨달음에 힘입어 동혁은 전력을 기울였던 사업의 좌절을 딛고 새로운 시작을 다짐할 수 있게 된다. 그 이후 동혁은 배신자 건배를 용서하여 다시 동지로 만들어내며, 토호에게도 당근과 채찍의 유연한 전략을 구사하여 회관을 다시 마을에 기증하도록 만든다. 즉, 패배의 서사를 재건의 서사로 반전시키는 각성은 비료 혼용을 계기로 일어난 것이다.

그 동력이 계몽의 주체가 스스로를 비판할 수 있는 이성을 획득함으로써 만들어진다는 점에서 계몽주의의 한계를 극복하는 것이라 평가할 수 있다. 또한 그 각성이 전통비료와 화학비료의 결합에 의해 생생한 실감을 획득하게 된다는 점도 각별히 주목할 만하다.

『상록수』에서 똥비료는 단순한 소재로만 그치지 않고 플롯의 전개와 긴밀하게 결합되어 있으며, 작품의 전체 구성에서 적지 않은 비중을 차지하고 있다. 똥비료와 화학비료의 혼용은 단순한 농사 정보의 수준을 넘어서서 전통과 과학의 결합, 지식인과 농민의 결합이라는 식으로 브나로드운동의 방향을 제시하는 은유로서도 활용될 만큼 중시되고 있는 것이다.

그러나 그 표현방식은 완곡어법을 택하고 있기도 하다. 똥이라는 단어는 단 한 번 사용되었을 뿐, 거름, 두엄, 퇴비 등으로 대체된다. '똥'의 유일한 용례는 동혁을 배반한 건배의 대사이다. "여보게. 내 이 낯짝에 침을 탁 뱉어주게! 어서 똥물이래두 끼얹어주게! 난 동지를 배반헌 놈일세……." 혐오의 은유로서 똥을 사용했는데, 장편에서 1회 뿐이니 거의 사용하지 않았다고 볼 수 있다. 현실에서는 똥비료를 사용하고 있었지만, 작품에서는 똥에 대해 완곡한 표현을 선택했다. 신문기사에서 발견된 완곡어법의 증가는 이 작품에서도 확인되는 셈이며, 오늘날 우리 대부분의 어법과 매우 유사하다. 심훈이 보여준 이런 완곡어법은 당시 독자 대부분이 위생담론에 강력하게 영향을 받아 똥의 비천화라는 감각을 지니고 있었다는 현실적 상황과 똥비료가 절대적으로 필요했던 농촌의 현실을 절충한 결과로 보인다.

'저만치 멀리서' 또는 바꿔치기: 도시소설의 경우

이상(김해경)의 단편 11편[3]에서는 똥은 물론, 대변, 분뇨 등 완곡어조차 아예 보이지 않는다. 다만 '변소'는 11회 언급되는데, 당시 수세식 화장실은 거의 없었으니 구린내가 지독했을 텐데도 냄새에 대한 묘사가 없다. 특히 「날개」에서는 돈을 변소에 버리는 문제적 장면이 반복되는데도 그러하다. 변소 대신에 아예 '토일렛(화장실)'이라는 표현을 쓰기도 한다. 똥을 시각과 후각 모두에서 거의 완벽하게 차폐시킨 것이다.

유진오의 「김 강사와 T 교수」(1935)에는 똥 대신에 오줌이 등장한다. "조선 여자들이 피부가 좋은 것은 오줌세수를 하기 때문"이라는 일본인의 말을 쓰고 이를 비판하는 식이다. 오줌 역시 똥과 비슷하게 문명과 야만의 이분법을 감각적으로 확인하거나 이에 항변하는 수단으로 활용되었다. 물론 그 외양이나 냄새는 전혀 묘사하지 않았으며, 내셔널리티와 결합된 근대 미달의 상징 정도로만 의미화되었다. 김 강사는 일본인들의 편견이라면서 비판할 뿐, 오줌세수 전통이 실재했음에도 전혀 다루지 않았고, 똥비료의 감각 또한 보이지 않는다.

박태원의 「천변풍경」(1936~37)에서는 '똥'이 1회, '변소'가 2회 사용되었을 뿐이고, 모양이나 냄새 등에 대한 묘사는 전혀 보이지 않는다. 다만 '똥굴'이라는 단어가 자주 사용되는데, '똥골', '똥굴', '똥통' 등은 당시 꽤

---

3 류보선 등 엮음, 『한국소설문학대계』, 두산동아, 1995에 수록된 「휴업과 사정」, 「지도의 암실」, 「지주회시」, 「날개」, 「봉별기」, 「동해」, 「종생기」, 「환시기」, 「실화」, 「단발」, 「김유정」 등.

여러 마을의 속칭으로 폭넓게 사용된 듯하지만, 이 작품에서는 민 주사의 첩이 사는 관철동을 가리킨다. 똥굴(7회)과 관철동(43회)이 혼용되고, 잡지에 연재되던 초반부에는 두 단어가 섞여 쓰였지만, 후반부에는 관철동만 사용된다. 첩이 사는 곳을 하필 '똥굴'로 설정했다는 점, 연재 후반부에 공식 행정 명칭인 관철동만 사용한 점(지역 주민들의 항의가 있었을 것으로 짐작한다) 등은 똥의 비천화와 관련될 것이다.

조선조 내내 정치·경제의 핵심적인 장소는 한양의 북촌, 즉 청계천 이북이었고, 남촌은 일본인들이 개발한 곳이었다. 북촌의 한 중심 동네가 '똥굴'이라고 불리는 것은 황호덕이 "경성의 아파르트헤이트적 현상"이라고 지적한 바 있는 청결과 더러움, 근대와 전근대, 문명과 야만의 대조가 공간표상에서 실현된 사례 중 하나로 볼 수 있다. 「천변풍경」에서 청결과 더러움의 대조는, 갓 상경한 여인이 청계천에 빨래하러 왔다가 돈을 내야 한다는 말을 듣고 깜짝 놀라는 대목에서도 나타난다. 도심의 빨래 장면은 자칫 서정적인 시선으로만 포착되기 쉽겠지만 박태원은 이 장면에서 화폐경제의 주류화를 짚어냈다. 도시에서는 빨래를 하는 데도 돈이 든다는 사실은 오늘날은 당연하지만 당시에는 충격적인 일이었음을 예민하게 포착한 것이다.

하지만 박태원의 위생과 화폐의 관련성에 대한 포착은 선택적이다. 빨래에만 돈이 드는 것이 아니라 똥을 처리하는 데도 돈이 들었지만, 박태원은 도시의 똥에 대해서는 언급하지 않았다. 그 역시 근대 위생담론에서 자유롭지 않다는 방증일 터이다. 앞서 살핀 '똥구멍이 원수로다'와 같은 불만은 당대에 꽤 폭넓게 퍼진 것이었으며, 관철동이 '똥굴'이 된 현상 또한 경제적 요인과 직결되었다. 당대에 도시 변두리의 빈민들이 길거리에 똥을 버리거나 누는 행위는 경제적 이유에서도 불가피했다. 화장실 보급이 매우 부진했던 데다 똥 처리에도 돈이 드는 상황으로 바뀌어버린 것이다. 그렇다면 길거리 배변이란 사소하지만 일상적인 저항일 수도 있었으니, 박태원 역시 이를 모르지 않았을 것이다. 예컨대 그는 도시 빈민가를 무대로 삼은 「골목 안」(1939)에서 매우 예외적이지만 이런 대사를 배치한다. "갓난 것이 길에 똥 좀 누기로 으때 그래? 을득아, 병득이 데리구 나가 바루 그년의 집 문 앞에서 똥 눼줘라."

도시민들은 똥을 처리하느라 돈을 써야 하고 농민들은 똥 대신에 화학비료를 사느라 돈이 들게 되는 상황은, '모든 것이 화폐경제에 포섭되고 있는' 식민지적 자본주의를 단적으로 보여준다. 「천변풍경」에서 보여준 박태원의 고현학考現學은 이를 예리하게 포착하였으나, 다만 선택적이었다. 도시의 위생학만을, 그것도 청결과 관련된 대상만을 집중적으로 조명했던 것이다. 그가 포착한 화폐경제가 유독 세탁에만 국한된 것은 이미 '똥=더러운 것'이라는 감각에 압도되어 있었음을 말해준다. 서울 태생으로 일본 유학생 출신인, 아마도 똥거름의 전통적 농법에 전혀 익숙하지 않았을 그로서는 당연한 생활 감각이라 하겠다.

'똥=더러움'의 감각이 굳어지자 그 존재를 즉물적으로 환기하거나 '똥'이라는 단어 자체를 꺼리게 되고, 똥은 시야에서 차폐해야 할, 근대 미달의 상징처럼 인식된다. 이런 감각은 도회에서 먼저 만들어지게 마련이니, 도시적 감수성을 지닌 문인이 시골을 관찰할 때도 마찬가지로 작동될 것이다. 가장 인상적인 장면은 이상의 수필 「권태」(1937)에서 발견된다.

아이들은 짖을 줄조차 모르는 개들과 놀 수는 없다. 그렇다고 모이 찾느
라고 눈이 벌건 닭들과 놀 수도 없다. 아버지도 어머니도 너무나 바쁘다.
언니 오빠조차 바쁘다. 역시 아이들은 아이들끼리 노는 수밖에 없다. 그
런데 대체 무엇을 가지고 어떻게 놀아야 하나. 그들에게는, 장난감 하나
가 없는 그들에게는 영영 엄두가 나서지를 않는 것이다. 그들은 이렇듯
불행하다. (중략)
　그들은 도로 나란히 앉는다. 앉아서 소리가 없다. 무엇을 하나. 무슨
종류의 유희인지, 유희는 유희인 모양인데―이 권태의 왜소倭小 인간들
은 또 무슨 기상천외의 유희를 발명했나. 5분 후에 그들은 비키면서 하
나씩 둘씩 일어선다. 제각각 대변을 한 무더기씩 누어놓았다. 아- 이것
도 역시 그들의 유희였다.

　이 수필에서 '똥=더러운 것'이라는 인식은 보이지 않는다. 아니, 똥
은 아예 보이지 않는다. '대변'이라는 완곡어로 대체되었으며, 냄새도 모
습도 전혀 묘사되지 않는다. 이는 수세식 변기를 쓰는 우리에게 매우 익
숙한 '기술에 의한 똥의 차폐'를 선취한 것이라고도 말할 수 있겠다. 이
상은 남이 똥 누는 모습을, 보이지도 않고 냄새도 맡을 수 없을 만한 '저
만치 멀리'에서 그저 관찰할 뿐이다. 똥은 존재하지만 그 존재는 현현되
지 않는다. 그 대신에 '있어야 할 것의 부존재'를 이상은 소환한다. 어린
아이들에게 있어야 할 완구, 장난감이 없다는 것이다. "그들은 이렇듯 불

행하다." "아- 조물주여, 이들을 위하여 풍경風景과 완구玩具를 주소서."

아이들은 특별히 그들만을 위해 고안된, 근대적인 의미의 장난감이 없어도 잘 놀게 마련이다. 돌멩이와 사금파리 조각만으로도 충분하다. 상상력과 유희 본능이 넘쳐나니까. 그런데 도시처럼 격리된 곳에 내밀하게 배설하는 게 아니라, 한데 모여 똥을 누면서 노는 시골 아이들에게서 '권태'라니, 이는 이상의 투사적 심리가 아닐까. 그가 성천(평남) 기행 과정에서 쓴 「권태」 「산촌여정」 등 수필에는 시골의 삼라만상에서 도시의 문물을 떠올리는 은유들로 가득하며 곳곳에 권태의 정서가 넘치고 있다.

시골의 부모들은 농사일로 눈코 뜰 새 없으니 권태를 느낄 겨를이 없다. 하지만 이상은 그들이 바쁘다고 말하면서도 왜 바쁜가, 왜 그리 바쁘게 살면서도 궁핍에 쪼들리는가에 관해 언급하지 않는다. 똥거름을 주무르는 농민들의 노동도 포착하지 않는다. 이상이 목격한 장면을 만일 농사꾼인 부모들이 봤더라면 아이들을 야단치지 않았을까? 귀한 거름이 될 똥을 들판에 아무렇게나 낭비했으니 말이다. 만일 경성에서 일본인 순사가 목격했더라면 「조선오물소제령」(조선총독부 제령 제8호, 1936 제정, 1937 시행)에 따라 아이들은 벌금을 물거나 운이 나쁘면 얻어맞을 수도 있었다. 결국 도시와 시골의 사회경제적 차이가 똥의 감각을 이처럼 판이하게 만들었던 것이다. 그런데 오늘날 우리는 이상이라는 도시 지식인의 시각에 의존해서만 이를 인식하고 있을 뿐이다.

지금까지 살폈듯이 「천변풍경」과 「권태」는 똥을 시야에서 차단했는데, 그 대신에 박태원은 빨래터의 위생을, 이상은 장난감을 각각 불러왔다. 한편 유진오는 오줌을 근대 미달로 인식하면서 내셔널리티에 의존하는 반응을 보였다.

1930년대 도시소설의 똥 표상을 소략하게나마 검토한 결과 그 중요한 특징이 똥의 차폐와 대체에 있다는 점을 확인했다. 농촌소설들이 똥 비료를 플롯의 수준으로까지 활용하거나, '증산하면 더 가난해지는' 화학 비료의 아이러니를 비판하고 있는 것과는 대조적이다. 이 시기 농촌소설에는 밥-똥 순환의 감각이 아직 남아 있었다면, 박태원과 이상의 작품에서는 근대적 위생담론이 압도적인 상황이라고 할 수 있다.

똥 냄새와 암모니아 냄새의 숨바꼭질: 이북명의 경우

이북명의 「댑싸리」(1937)는 농촌을 무대로 하지만 똥을 다루는 방식은 앞서 살핀 농촌소설들과 상당히 대조적이다.

인분통을 들고 어두컴컴한 변소로 들어갔다. 선잠에서 깬 똥파리 떼가 으앙 하고 호룡 영감에게 달려들었다. 호룡 영감은 인분에다 오줌을 섞어서 한 통 퍼 담아 들고 방문 앞으로 나왔다. 대문 밖에 나가 개천물 두 바가지를 떠다가 통에 붓고 나뭇가지로 쿨렁쿨렁 저었다. 인분은 아주 흘거워졌다. 고약스런 인분 냄새가 무럭무럭 떠올라서 호룡 영감의 콧구멍을 주먹으로 쥐어박는 듯이 쿡쿡 찔렀으나 호룡 영감은 콧마루 한번 씰룩하지 않는다.

호룡 영감은 등 빠진 무명적삼 소매를 훌쩍 걷어 올리고 나서 똥물을 바가지에 담아 들고는 댑싸리 사이를 앉은걸음을 치면서 뿌리마다에 알맞춤씩 부어준다. 댑싸리에 거름을 주고 난 다음에 호박모에다는 댑싸리보다 다량으로 똥물을 부어주었다.

똥비료를 뿌리는 과정이 눈에 선하게 떠오를 만큼 매우 구체적으로 묘사하고 있다. 의태어와 의성어를 풍부하게 구사하여 실감을 더한다. 똥이 아직 화장실이나 개천에 있을 때는 '인분'이라고 부르면서 '고약스런 인분 냄새'를 강조하지만, 밭에서 작물을 만날 때는 '똥물'('거름'이 아니라)이라는 단어를 고르며 냄새 묘사도 없다. 똥이라는 단어를 회피하지 않는다는 점에서 「모범경작생」, 「제일과 제일장」, 『상록수』 등과는 사뭇 다르다. 특히 다른 농촌소설들이 거름 냄새를 밥 냄새나 된장 냄새와 동일시한 것과 대조적으로 「댑싸리」는 '고약스런 인분 냄새'를 감추지 않는다. 실제로 잘 부숙된 똥거름은 냄새가 고약하지 않지만, 당시 농촌에서는 부숙되지 않은 똥을 그대로 비료로 사용하는 경우가 대부분이었으니 '고약스런 냄새'는 당연했다. 따라서 다른 농촌소설에서 '똥비료의 구수한 냄새'란 당위를 강조한 '과잉 심미화'라 하겠다. 똥이라는 단어를 회피하는 완곡어법 역시 심미화를 지탱한다. 물론 이는 화학비료를 선택할 수 없는 상황에서 똥비료를 평가절상하기 위해서였다. 그러나 다소 폭력적인 '똥 냄새=된장/밥 냄새'의 동일시가 얼마나 설득력을 가질지는 의문이다. 이에 비해 이북명은 성급한 똥의 미학화가 아니라 현실과 자신의 후각에 충실하는 쪽을 선택한 것이다. 이북명은 대표작 「질소비료공장」(1935)에서 한 걸음 더 나아가 똥과 똥거름의 냄새를 세분함으로써 설득력을 더한다.

겨울도 아닌데 서릿발이 새하얗게 내돋힌 액체 암모니아 탱크에서 슴새는 암모니아 가스가 눈, 코, 목구멍 할 것 없이 잔침질하듯 들쑤신다. 그것이 보통 구린내라면 실컷 맡아온 그들이니만큼 대수롭지 않겠으나, 이 직장에서 풍기는 냄새는 그보다 열 배 스무 배나 더 심한 것이었다.

바로 이 무렵에 문길이는 백양나무에서 얼마 멀지 않은 흙구덩이 속에 홀로 앉아 있었다. 어떤 연놈이 뒤를 봤는지 구린내가 코를 찔렀으나 참을 수밖에 없었다.

두 인용문에서 똥은 시각보다는 후각에 의해 자신을 드러내는데, 그 똥 냄새는 세 가지로 나눌 수 있다. 첫째, '보통 구린내'는 비료로 사용되는 똥, 즉 부숙된 똥의 냄새이다. 농토에서 쫓겨나 갓 공장노동자가 된 인물들이 농촌에서 '실컷 맡아온' 거름 냄새로, 대수롭지 않게 받아들여진다. 둘째, 공장에서 생성되는 암모니아 가스 냄새다. 똥 냄새와 유사하지만 '눈, 코, 목구멍 할 것 없이 잔침질하듯' 자극하는 '열 배 스무 배나 더 심한' 냄새로 묘사된다. '암모니아 가스'라는 외래어는, 다른 박래품들을 가리키는 언어들이 대체로 선망할 무엇으로 인정받는 것과는 대조적으로 매우 고통스러운 것으로 나타난다. 셋째, '흙구덩이 속에 있는 똥'은 '구린내가 코를 찔렀으나 참을 수밖에' 없는 것으로 그려진다. 즉, 비료로 쓰이지 않고 방치된 똥은 혐오의 대상으로 표상된다. 똥이라는 단어와 그 냄새를 직시한다는 점, 그러면서도 방치된 똥과 똥거름을 냄새로까지 구분한다는 점 등으로 미루어 이북명의 소설은 당시 농촌 현실과 그 세목에 매우 충실한 창작 기법을 따른 것으로 보인다. 결국 이 글의 주제를 기준으로 판단한다면, 똥비료와 냄새를 플롯과 긴밀하게 연관시킨 『상록수』와 당대 농촌의 세목에 충실하였던 「댑싸리」를 이 시기 농촌소설 중에서 가장 괄목할 작품으로 평가할 수 있다.

실제 질소비료공장에서 노동자로 일하기도 했던 이북명은 「질소비료공장」에선 흥남질소비료공장의 비인간적 노동착취와 공해를 고발하지만, 농촌을 무대로 한 「댑싸리」에선 화학비료에 관해 언급조차 하지 않는다. 공해와 노동수탈은 흥남에 국한되고, 화학비료와 똥거름은 밥-똥 순환의 틀에서 함께 포착되지 않는다. 반면 이 시기의 도시소설에서는 똥비료에 대한 인식조차 없으면서 오로지 '더러운 것=근대 미달'로 인식한다. 농촌의 현실과는 거리가 멀다. 농촌소설에서는 똥비료를 높이 평가하지만, 똥의 위생학적 위험성도, 화학비료의 수확량 증대 가능성도 거의 다루지 않는다.

흥남에서 생산된 화학비료는 조선의 농민들을 빚더미로 몰아갔다. 도시의 위생성 증대는 농촌의 똥비료 부족으로 이어졌고, 흥남에서는 비인간적 노동착취와 환경파괴를 불러왔다. 소비도시 경성과 그 배후 식량공급기지이자 내국적 식민지였던 농촌, 그리고 공업도시 흥남, 이 셋은 따로따로가 아니라 긴밀하게 연계된 하나의 자본주의 경제체제로 연결되고, 그 배후에는 식민지적 자본주의, 식민지적 근대화 논리가 작동되고 있었다. 똥비료의 쇠락과 화학비료의 생산 및 보급 과정에서 일어나는 인간과 자연의 침탈 현상은 같은 조선 땅에서 일어나고 있었고, 당대 신문기사 등을 통해 널리 알려진 일이기도 했다. 그런데도 당대 문학에서 이런 자본운동의 주요한 현장들을 동시에 포착하는 시각은 찾기 어려웠다. 흥남과 경성, 그리고 다른 농촌지역들은 이미 자본시장에 완전히 포섭되어 있었지만, 소설들은 이를 한눈에 포착하지 못했다. 굳이 '도덕적 지리학'을 빌려오지 않더라도 아쉬운 노릇이 아닐 수 없다.

4. 숨바꼭질과 작가들의 곤경

앞서 살핀 대로 당대 신문기사, 도시소설, 농촌소설 등 모든 텍스트에서 똥이라는 단어가 즉물적으로 그 대상을 가리키는 용법은 점차 줄어들었으며, '인분' '대변'(신문기사와 도시소설)이나 '거름' '두엄'(농촌소설) 등의 완곡어법이 늘어났다. 똥이라는 단어를 쓰더라도 모욕을 주기 위한 은유적 사용이 늘어났으며, 똥 자체를 감각적으로 연상시키는 것 자체가 금기처럼 자리 잡았다. 똥에 관한 인식에서 '똥=비료'라는 밥-똥 순환의 감각은 크게 무뎌진 반면, '똥=혐오'의 위생담론은 득세하는 양상이 두드러진다.

농촌소설 또한 이런 흐름에서 자유롭지는 않지만 분명한 차이도 있었다. 똥비료를 비교적 중요하게 인식하였는데, 경제성을 중심으로 화학비료와 대비하거나 둘의 절충적 사용을 강조하기도 하지만, 그보다는 후각에 의존하여 똥비료의 가치를 우호적으로 평가하는 경향이 뚜렷했다.

즉, 똥비료를 보여주지 않으면서 환금성으로만 평가하거나(「모범경작생」),
완곡어법의 단어들로 대체하면서 흙냄새, 된장 냄새, 밥 냄새 등으로 등
치되는(「제일과 제일장」, 『상록수』) 것이다. 이 같은 차이는 여러 원인이 있
겠지만, 두 가지로 짚어볼 수 있다. 첫째, 도시에서 똥을 감염원이나 오
염원으로 인식하는 위생담론이 급속히 퍼진 데다 똥을 처리하려면 돈이
들게 되었다는 점. 둘째, 빈곤한 농촌에서 위생담론의 파급력이 상대적
으로 크지 않은 데다 '그림의 떡'이었던 값비싼 화학비료보다 똥비료의
경제적 가치가 상당했다는 점이다.

특히 이북명은 「질소비료공장」에서 비료의 생산만 묘사할 뿐 그 사
용은 언급하지 않으며, 반대로 「댑싸리」에서는 작물에 똥비료를 뿌리는
장면을 시시콜콜 묘사하지만 화학비료는 언급조차 하지 않는다. 이처럼
질소비료가 보이면 똥이 보이지 않고, 똥이 나타나면 질소비료가 숨는
'숨바꼭질'이 이북명의 작품에서 가장 첨예하게 드러난다. 다른 농촌소
설도 두 비료의 판세를 정면으로 다루지 않는다는 점에서 이 숨바꼭질에
동참하는 셈이다. 신문기사와 도시소설에서 똥은 차폐되며, 농촌소설에
서는 똥비료가 압도적이라는 점 역시 이 숨바꼭질의 한 단면이다.

이러한 숨바꼭질은 도시화와 근대화 흐름 속에서 위생담론과 화학비
료의 보급으로 농촌에선 똥비료를 활용하던 전통이 잠식되고, 도시에선
밥-똥 순환의 감수성이 위축되던 당대의 분위기를 반영한다. 이는 '똥비
료'에 관한 실학파 지식인들의 문제의식이 근대 이행기까지 잔존하다가,
1930년대에 이르면 거의 소멸되고 일부 농촌소설에 희미하게 그 자취를
남기고 있음을 보여준다.

결국 '똥(비료)과 화학비료의 숨바꼭질'이라고 요약할 수 있는 이 시기 똥담론에서 우리는 어떤 양자택일을 발견할 수 있다. 똥의 완곡어 사용 및 즉물적 환기의 회피가 세 가지 텍스트 모두에서 확인된다. 신문기사와 도시소설에서는 '근대 미달태未達態'라는 식으로 평가절하하는 인식이 주류를 이루지만, 농촌소설에서는 전통에의 호소를 통해 똥비료를 옹호한다. 농촌소설의 똥비료 옹호 역시 경제성(이성, 시각)이나 감각(정서, 후각) 중에서 하나에만 집중적으로 호소한다. 결국 서로 얽혀 있는 사태 중에서 어느 한쪽을 버리고 다른 쪽만 집중하는 것이다. 이런 식으로 칸막이 쳐져 있는 현미경적 시각 때문에, 광범위한 자본운동을 통해 도시-농촌-공장 지역들이 서로 맺고 있는 관계성에 대한 인식은 부족해진다. 밥-똥 순환의 흐름으로 인식되는 동태적인 똥과 물질대사를 끝낸 인체의 배설물 자체인 정태적인 똥이라는, 똥의 양가적 속성은 이 시기 텍스트에 따라 양극화되는 '분열적 착종성'으로 이행했다.

　　특히 농촌소설에서 확인되는 숨바꼭질에 주목할 필요가 있다. 이광수가 똥비료를 차폐하는 것이야 위생담론에 포박된 결과라고 하겠지만, 다른 농촌소설에서도 대체로 똥비료와 화학비료가 숨바꼭질을 한다는 점, 특히 화학비료는 당대의 핵심적 사회경제적 문제임에도 불구하고 그 존재 자체가 문학에 충분히 드러나지 않는다는 점에 대해서는 무언가 더 설명이 필요하다.

　　이 숨바꼭질은 당대 작가들이 놓여 있던 어떤 곤경을 말하고 있지 않을까. 식민지적 근대화가 조선 대중의 삶을 질식시키는 것을 목도하면서도, 그렇다고 과학의 압도적 위력을 부정할 수도 없었던 곤혹. '식민 극복을 위해 근대화는 필수적 과제'라는 인식만 작동했던 것은 아니다. 위생담론은 콜레라와 장티푸스를 퇴치하는 데 크게 기여했으며 화학비료는 놀라운 식량 증산을 가능케 했음을 그들은 목도했다. 동시에, 위생담론과 화학비료 때문에 조선인 대부분이 더 빈곤해지고 차별받는 것을 지켜봤다. 곤혹스러울 수밖에 없었으리라. 그들은 근대과학의 놀라운 위력과 그 비인간적인 파괴력을 동시에 목격했지만, 이를 동시에 해석할 마땅한 틀은 아직 지니지 못했던 것이다. 그 곤경이 사태의 복합성을 버리고 어느 한쪽만을 바라보도록 만든 것은 아닐까.

모든 근대적 재화가 자본의 운동에 의존하고 있다는 점, 또한 '증산에 의한 빈곤'의 아이러니는 과학(위생담론과 화학비료)이라는 강력한 힘이 자본과 국가에 포섭되었기 때문에 생긴다는 점에 관해 아직 예민하게 의식하지는 못했으리라. 더군다나 화학비료가 땅심(地力)을 약화시킨다는 점, 생산과정에서 환경오염과 미나마타병이라는 공해병을 불러온다는 점 등은 당시의 과학계조차 명백하게 인식하지 못한 사안이었다. 과학이란 늘 진행형이며 과도기적 진리일 뿐이라는 인식도 미처 생겨나지 못했던 '과학과 근대화 만능의 시대'였으니까.

과학과 자본, 국가에 관한 한층 심층적인 인식이 생겨나고 보급되기까지는 좀 더 시간이 필요했다. 급속하게 진행된 식민지적 근대화의 소용돌이 속에서 작가들은 명확한 해석과 판단의 기준을 확보하기 어려웠고, 또 그만큼 곤혹스러웠다. 그렇다고 농촌소설이 농촌의 핵심적 이슈를 외면할 수도 없었으니, 작가들이 겪어야 했던 곤경의 결과는 똥비료와 화학비료를 동시에 다루지 않는 '숨바꼭질'로 나타났을 터다.

5. '생명=죽음'인 것들에 대하여

똥과 관련해 식민 권력이 주도한 위생담론과 화학비료는 꽤 중요한 근대화의 방향과 현실적 대안을 제시했다. 위생의 증진은 감염병에서 벗어날 수 있게 했고, 화학비료는 식량 증산을 가능케 했다. 그러나 위생을 위해서도, 화학비료를 위해서도 인민은 추가적인 돈을 지불해야 했고, 인민의 생존은 위협받았다. '장래 위생 고사하고 금일 당장 못 살겠네'라는 비명은 당대의 정곡을 찌른다.

똥 대신 화학비료를 선택한 것은 위생담론과 과학을 전유한 결과였고, 그 궁극적 주체는 자본과 국가였다. 자본과 국가에 의해 주도된 근대화의 질곡은 똥과 화학비료에서도 확인된다. 전통적으로 똥이 '생명이면서 죽음'이었다면, 식민지적 근대화 과정에서 화학비료 역시 그랬다. 식량 증산을 위한 질소비료는 일제의 전시동원체제 아래서 살상을 위한 포탄의 화약으로 쓰였다. 풍요이면서 빈곤, 비료이면서 화약. 이 시기 여러 텍스트가 보여준 착종성은 이런 딜레마의 표현이라고 할 수 있겠다.

조선총독부의 입장에서도 위생을 위해 도시의 똥을 제거해야 하지만 식량 증산 역시 절실했으니 똥비료는 필요했다. 서구 유럽처럼 똥을 수거해서 강물에 버리는 식의 대처로만 일관할 수는 없었다. 경성의 똥을 남산상회로 하여금 위탁 재처리하게 하여 유안비료를 생산했던 것도 이런 노력의 일환이었다. 또한 똥비료를 위생적으로 처리하기 위한 과학적 연구도 진행했다. 박윤재에 따르면, 경성제대 의학부 고바야시 시즈오小林靜雄 교수는 경성부의 의뢰에 따른 연구에서 '똥과 오줌을 충분히 혼합하여 여름은 20일 이상, 겨울은 2개월 이상 저장하면 유해한 미생물은 거의 죽어 무해하게 되고, 나아가 비료로서 가치가 손상되지 않는다'는 결론을 내렸다. 조선총독부가 화학비료의 대대적 보급에 나섰던 바로 1926년의 일이었다. 고바야시의 결론에도 불구하고, 조선총독부는 똥비료 대신 화학비료 공급에 나선 것이다. 저간의 사정을 자세히 알기는 어렵지만 주로 경제적 요인이 크게 작용했을 것이다. 화학비료는 대규모의 자본을 투여해도 막대한 이윤을 낳지만, 똥비료는 거대자본에 별 이윤을 남기지 못하게 마련이니까. 아니나 다를까 이듬해인 1927년에 흥남질소비료공장이 착공된다.

고바야시도 인정했듯이 그의 연구는 오랫동안 활용되었던 똥비료 전통의 재발견일 따름이었다. 농촌소설이 똥비료를 강조했던 것 역시 이 경험지經驗知에 의존한 것이었다. 더구나 화학비료가 증산과 빈곤을 동시에 불러온다는 모순에 직면하면서 농촌소설은 화학비료 대신 똥비료를 고수했다. 그리고 후각을 동원하여 똥 냄새를 구수한 것으로까지 평가절상하고자 했다. 후각은 인간의 가장 원초적인 감각이면서도 과학의 탐구 대상으로 가장 뒤늦게 주목받았지만,[4] 농촌소설은 이미 여기에 주로 기대면서 똥비료를 고수했다. 근대화 시기 지배적이었던 과학 중심성과는 자못 다른 시각으로 대중의 삶을 포착하는 방식을 확보했다고 평가

---

4 라일락 향기를 사람들이 몇 년 뒤에까지 기억할 수 있는 과학적 메커니즘 등을 밝혀낸 리처드 액셀(Richard Axel)과 린다 벅(Linda Buck)이 노벨 생리의학상을 받은 것은 2004년이었다. 이는 후각 연구가 학계에서 본격 승인을 받았다는 상징적 의미를 지닌다. 피에르 라즐로, 김성희 역, 『냄새란 무엇인가』, 민음인, 2006, 참조.

할 수 있다. 농촌소설의 이 같은 대응은 경험지를 토대로 삼은 것이었는데, 과잉 심미화의 혐의도 없지 않지만 긍정성 역시 분명했다. 그들이 기댔던 경험지는 화학비료와 달리 자본과 국가에 포획되지 않은 것이었고 빈곤화와 전쟁으로 이끌지도 않았던 것이다.

근대 들어 도시의 인구 집중이 가속되면서 똥 처리를 놓고 세계 모든 국가가 고심했다. 근대 서구가 찾아낸 방법은 하수관을 통해 강물에 버리는 것이었고, 그들은 비서구의 똥비료 사용을 야만으로 간주했다. 조선은 똥 처리에 다른 방법이 없는지를 진지하게 고민했다. 실학파는 효율적으로 모아 비료로 사용할 방책을 고민했으며, 위생담론에 강력하게 포박되었던 김옥균 역시 비료 활용을 완전히 외면하지는 않았다. 심지어 조선총독부도 증산과 위생을 동시에 달성하려는 시도를 상당 기간 진행했다. 물론 이 모든 시도는 실패했고 결국 서구와 똑같이 강물에 똥을 버리게 되었지만, 실학파 이후 200년 동안 서구와는 다른 방식의 똥 처리를 시도했다는 점은 주목할 만하다.

똥비료를 야만으로 간주하는 인식은 오늘날 우리에게도 매우 익숙하지만, 기실 서구 근대 중심적 사유였을 뿐이며 한국에서는 상당히 다른 대응의 시도들이 존재했었다. 이 '다름'은 어떤 의미를 지니는 것일까.

인간이라는 동물은 '먹고 싸는' 물질대사를 통해서만 생존할 수 있으며, 이는 동화同化와 이화異化의 순환이라고 할 수 있다. 똥-밥 순환의 감각은 동화와 이화의 순환을 자연스러운 이치로 이해하는 전통적 세계관(특히 기철학) 속에서 만들어진 것이다. 이에 비해 근대 서구적인 위생담론과 화학비료는 동화와 이화를 엄밀하게 분리하고자 했다. 즉, 동화의 대상인 먹을 것은 신성하고 정결한 것으로, 이화의 산물인 똥에 대해서는 야만과 질병의 근원으로 치부한 것이다. 동화와 이화의 순환을 추구하는 전통 농법을 근대 미달태로서 주변화한 것은 서구 근대의 '문명과 야만의 이분법'을 맹종한 결과라 할 수 있다. 이런 과정을 거쳐 우리는 점차 똥-밥 순환을 야만시했으며, 똥-밥 순환을 온몸으로 수행하는 농민을 비천하게 여겼다. 생명의 근원인 동화와 이화의 순환을 스스로 부정하는 기괴한 문명을 만들어낸 것이다.

이런 맥락에서라면 우리가 주목해야 할 것은 똥-밥 순환의 전통 농법 자체가 아니다. 이 농법을 위생증진 및 증산이라는 근대적 요구와 어떻게 조화할 수 있을지를 고민했던 200년 동안의 고투, 그리고 그 전통이 단절될 위기에 직면했을 때 이를 과잉 심미화의 방식으로 재생시키고자 했던 농민소설들의 존재야말로 핵심적 관심사가 되어야 마땅하다.

이 '다름'은 또한 단순히 민족적 정체성의 확인에 그치지 않는다. 똥비료를 위생이라는 과학과 결합하는 작업은 오히려 고바야시의 연구가 아니었던가. 물론 경성부의 의뢰로 진행된 그의 연구 결과는 사회에 실제로 적용되지는 못했다. 그 이유는 아마도 자본의 이윤 획득에 장애가 될 수 있다는 점과 관련될 것이다. 근대의 핵심적 역능인 과학과 기술이 자본과 권력에만 온전히 포섭될 때 어떤 일이 일어나는지를 보여주는 수많은 사례 중 하나라 하겠다.

한편 농촌소설들이 보여준 똥비료에 대한 정당화 노력은 민족주의적 담론과도 관련되는 것이고 '증산에 의한 빈곤'이라는 당대의 상황에 정당하게 대응한 것이기는 하지만, 근대적 과학의 역능에 대해서는 외면했다. 위생담론을 소홀히 했으며, 1926년 발표된 똥비료에 대한 고바야시의 연구 내용도 1930년대 농촌소설들에 드러나지 않는다. 똥비료에 대한 과잉 심미화는 그 시대 작가들이 '똥 냄새=된장 냄새'라는 등식을 진실로 믿어서가 아니라, 다른 출구를 발견할 수 없었음을 말해주는 것이라 하겠다.

그렇다면 지금 우리는 어찌할 것인가. 자본과 국가에 포섭된 과학, 그리하여 인류를 묵시론적 미래에서 구원하리라 믿었으나 오히려 기후위기, 코로나19 팬데믹, 빈부격차 등 사회적 재난의 원천이 되어버린 과학, 그러나 그것 없이는 지구와 생명을 구출해내기도 어려워진 강력한 권능으로서의 과학을 어떻게 하면 시민 모두의 것으로 탈환할 수 있을까.◉

4장 | 더러운 똥, 즐거운 똥, 이상한 똥

: 똥의 재사회회에 관한 정신분석적 의미

1. 배설

코로나19 바이러스 팬데믹이 우리에게 준 의미 있는 교훈 하나는 평소라면 의식하지 못하고 지나쳤을 '일상'의 힘을 낯선 시점으로 다시 볼 수 있게 해주었다는 점이다. 그중에서도 단연 관심을 끄는 것은 분비물에 대한 지식으로, 위생에 대한 감각을 일깨웠다. 재채기 한 번으로 6m를 날아가는 바이러스와 세균, 대화만으로도 전달되는 5미크론(0.005mm) 크기의 비말, 5미크론 이하 크기로 공기 중에 떠돌기까지 하는 에어로졸 등등. 이 같은 지식은 생활 위생에 도움이 될 교양과 문화를 만들어내기도 하고, 금세 은유화되어 타자에 대한 혐오나 배척의 이데올로기적 근거가 되기도 한다.

위생담론의 관점보다 더 주목할 부분은 분비물이 관계의 본질에 대해 알려주고 있는 것들이다. 마스크를 쓰고 손을 씻으면서 우리는 인간이 얼마나 많은 분비물을 뿜어내는지, 그 분비물을 얼마나 많은 타인과 교환하고 있었는지를 새삼스레 의식한다. 분비물은 바이러스와 세균 같은 해로운 물질의 매개 역할을 하기 때문에 분명 관리가 필요하다. 하지만 우리가 타인과 소통할 때 분비물의 교환은 불가피하다. 그러므로 관계를 맺는다는 것은 어쩌면 해로울지도 모를 분비물을 기꺼이 감수하는 과감한 도약을 전제로 한다. 핵심은 더러운 분비물을 긍정적인 것으로 여기는 태도의 전환이 아니다. 소통의 과정에 분비물의 교환이 필수적이라는 사실을 알았다고 해서 분비물 자체의 위험성이 사라지는 것은 아니기 때문이다. 분비물은 여전히 지저분하다. 타인의 분비물이 나에게 해가 될 수도 있으며, 같은 방식으로 나의 분비물이 타인에게 폐를 끼칠 수도 있다. 그런데도 우리는 타인과의 소통을 포기하지 않는다. 외부 세계와의 교류란 나의 부끄러운 부분을 일부 내어주고, 타인의 지저분한 부분을 일부 받아들인다는 것과 같다.

외신을 통해 접한 휴지 사재기 사태는 똥을 닦을 수 없게 된다는 것이 인간에게 얼마나 위협적일 수 있는지를 보여주었다. 마스크와 휴지의 재료가 같기 때문에 코로나 사태가 진행되면서 휴지가 귀해질 것이라는 가짜 뉴스 탓이었는데, 똥을 처리하는 일이 생존에 필수적인 의식주만큼이나 사람에게 중요한 문제라는 점을 시사하고 있다. 침에서부터 똥에 이르기까지, 세계적 감염병 유행의 위기 상태가 평상시 억압되었던 분비물의 존재를 우리의 의식 세계로 끌어냈다.

침, 땀, 콧물, 귀지, 고름 등 인간이 끊임없이 만들어 배출하는 분비물 가운데 똥은 사회화 과정에서 가장 먼저 통제된다. 원할 때는 시공간을 가리지 않고 똥을 싸던 아이는 배변 훈련을 통해 똥 싸기의 절차를 배운다. 이러한 통제와 금지는 이후 인간의 생애 전반을 지배하는데, 그 과정에서 똥 자체가 금기시되는 현상이 발생한다. 지저분한 분비물을 적절하게 처리하는 실용적인 에티켓의 차원을 넘어서 마치 똥 자체가 존재하지 않는 듯 그것을 시야에서 치워버리는 일, 일상에서 되도록 은폐시키는 일이 문명사회의 최대 과제가 된 것이다. 하지만 우리 인간은 똥을 싸는 존재이다. 똥은 우리의 생리학적 순환을 증명하고 생존을 증명하며, 궁극적으로 인간이 세상에 내놓은 이 폐기물에 대해 공동의 책임이 있음을 상기시킨다.

2. 억압

일상에서 억압된 똥은 인간의 언어로, 그것도 증식된 의미를 주렁주렁 달고 일상으로 다시 귀환한다. '똥개', '똥파리', '똥꼬', '똥멍청이', '빵꾸똥꾸', '똥머리', '모닝똥', '똥군기' 등의 합성어뿐 아니라, '똥인지 된장인지 구분 못한다', '밥 팔아 똥 사먹는다', '똥뀐 놈이 성낸다', '피똥 싼다', '똥줄 탄다', '똥물에 튀길', '머리에 똥만 찼다' 등의 관용어구는 과거부터 현재까지 '똥-' 용법의 다채로운 활용을 보여준다. 나아가 똥과 관련한 신조어 역시 끊임없이 생산될 것이 분명하다. 그것은 상상력의 크기만큼 발전을 거듭할 것이다. 똥은 재미있기 때문이다. 역겨움, 혐오, 숨겨야 할 치부로 똥을 특징짓기에는 우리 모두 부끄러운 경험을 한둘쯤 가지고 있다. 우리에게는 코딱지, 방귀, 상처의 딱지와 고름, 똥에 열광하던 어린 시절의 기억이 있다. 어른들에게 통제를 받으면서도, 남들에게 들켰을 때 스스로 수치심을 느끼면서도, 아이들은 더러운 것들에 대한 유희를 쉽사리 포기하지 못한다. 어른이 되면서 이 점잖지 못한 유희는 극히 사적인 공간에서 은밀하게 행해지지만 덜 열광적으로 이루어지거나, 익살과 유머로 사회화되어 공동의 유희가 된다. 똥, 설사, 변비가 얼마나 자주 코미디의 소재가 되는지, 일상 담화에서도 얼마나 자주 우스갯거리가 되는지는 굳이 사례를 들어 언급하지 않아도 알 수 있다.

오스트리아의 정신분석학자 지크문트 프로이트는 농담과 무의식의 관계를 연구하던 중 농담에서 본능적인 공격성이 순화된 방식으로 표현된다는 점을 발견한다. 농담에서는 대상의 평가절하가 이루어진다. 대상이 외부에 있느냐 자기 자신이냐에 따라 세계가 평가절하되든지 자신이 평가절하된다는 점에서 양태상의 차이가 있겠지만, 웃음을 유발하는 데 평가절하는 필수적이다. 아리스토텔레스는 『시학』에서 희극의 기원을 저속한 자들의 행동을 모방하는 풍자시에서 찾았다. 우월한 독자(혹은 저자)가 자신보다 비천한 대상을 보며 비웃는 것이 드라마라는 형식과 결합하여 희극이라는 장르가 탄생했다는 것이다.[1] 대상을 웃음거리로 만드는 데 똥만큼이나 효과적인 오브제가 있을까. 이미 당할 대로 당한 양반에게 최후의 결정타로 똥물을 뒤집어씌운 「호질」을 보면 박지원은 유머가 무엇인지를 잘 알고 있었음이 분명하다.

아리스토텔레스가 말한 카타르시스는 연민과 공포를 각종 기술로 극대화한 뒤 절정에 이르러 터뜨려버리는 것으로, 말 그대로 정화와 배설을 뜻한다. 이 정서적 심미적 작용은 생물학적으로도 동일한 효과를 가져온다. 초기 프로이트는 이 같은 카타르시스 효과를 심리적 외상의 치료에 적극적으로 활용하였다.[2] 처음 환자를 돌보기 시작했을 때 프로이트는 최면술에 의한 암시로 정신질환을 치료했다. 그러다가 환자가 억압되었던 과거의 기억을 되살려 단지 말하는 것만으로도 병증이 호전된다는 사실을 발견하면서 카타르시스 요법을 개발하였다. 그러고 보면 똥을 소재로 농담을 주고받으며 실없이 웃는 일이야말로 최고의 정신요법인

---

1 아리스토텔레스, 천병희 역, 『시학』, 문예출판사, 2000, 4장, 특히 35~37쪽.

2 지크문트 프로이트, 김미리혜 역, 「히스테리 현상의 심리 기제에 대하여: 예비적 보고서」, 『히스테리 연구』, 열린책들, 2003, 17~21쪽. 특히 20쪽.

셈이다. 정서적 배설과 생리학적 배설이 언어를 매개로 결합되었으니 말이다. 최고의 똥-농담은 최고의 쾌변이다.

똥의 특별함은 똥과 유사한 용법으로 사용되는 '개'와 비교해보면 더욱 확연히 드러난다. 개 역시 똥만큼이나 다양한 활용도를 자랑하며, 대상에 대한 평가절하를 발생시키기도 한다. 특히 욕설에서 그 쓰임새가 압도적이다. 하지만 똥과 달리 개는 숨겨야 할 것도 아니며 터부의 대상도 아니다. 최근 들어서는 오히려 대상을 높이는 표현으로 사용될 때도 있다. 예컨대, 개-멋있다, 개-맛있다 등과 같이 단어 앞에 '개'를 접두사처럼 사용하면 긍정적인 의미를 강조하는 속어가 된다. 반면, 똥은 아무리 친근감 있게 말을 만든다고 해도 긍정적인 의미로 변환될 것처럼 보이지 않는다. 마찬가지로 진지하고 살벌한 욕설의 언어로도 사용될 것 같지는 않다. 긍정적 의미를 가지기에는 애초에 너무 천하고, 심각해지기에는 너무 웃기기 때문이다.

3. 쾌락

감정을 모아두는 일이 고통스럽듯 똥을 모아두는 일도 고통스럽다. 하지만 이 고통에는 배설의 쾌감을 예감하면서 느끼는 묘한 즐거움이 포함되어 있다. 사회화 과정 초기에 학습하게 되는 똥에 대한 통제에는 묘한 긴장감이 내재되어 있다. 대부분의 금지가 그러하듯, 금지에는 일탈이라는 쾌락적인 상상력이 함께 따르기 마련이다. 똥은 부분적으로만 통제될 수 있다. 가령 수업시간이나 회의 중에 어느 정도 똥을 참을 수는 있지만 결국에는 배설되어야 하는 것이 똥의 운명이다. 참을 때는 식은 땀이 날 정도로 고통스럽지만 분출될 때는 말로 할 수 없는 쾌감을 선사한다. 이것은 감정을 고조시키고 정서적 쾌를 극대화하는 기술과 일맥상통한다. 이때 금지는 최고의 쾌락을 위한 훌륭한 양념이 된다. 저녁을 더 맛있게 먹기 위해 간식을 참는 소소한 행동, 해피엔딩을 선사하기 전에 주인공을 최대한 괴롭히는 드라마의 플롯 등, 우리는 종종 즐거움을 극대화하기 위해 금지의 기제를 기꺼이 활용한다.

금지가 없다면 좀 더 자유롭게 똥을 즐기는 일이 가능할까? 언어로 매개되지 않은 똥은 냄새, 모양, 색과 같은 감각의 차원에서 본능적으로 역겨움과 혐오를 불러일으킨다. 게다가 생똥은 실제로 위험하다. 세균을 번식시키고 해로운 가스를 배출하여 건강과 생명을 위협한다. 자연 퇴비를 연구하거나 에너지 자원으로 활용하려는 시도는 똥의 해로움을 제거하는 과정을 반드시 거친다. 인간이 똥을 즐기기 위해서는 통제가 필연적이다. 하지만 이 통제는 똥을 제대로 마주한 상태에서 이루어져야 한다. 똥을 받아들이는 일은 똥의 해로움까지 기꺼이 받아들인다는 것을 의미한다. 마치 똥처럼 해롭고 더러운 것은 존재하지 않는 듯 행동하는 것은 오히려 위험하다.

현대사회는 똥을 숨기기 위해 대량의 똥을 모아둔 채 망각한다. 집 어딘가에 거대한 똥통이 있어 다량의 똥을 비축해두고 있다는 사실은 1년에 한 번 정화조 청소 청구서라는 흔적으로 불현듯 환기될 뿐이다. 똥은 억압되고 사회의 무의식으로 가라앉는다. 현재 똥을 관리하는 사회적 시스템은 어쩐지 위험하다. 그 많은 똥은 지금 어디에 있을까.

개인의 무의식 차원에서도 똥은 각별한 의미를 가진다. 타인의 똥은 역겹고 혐오스럽다. 하지만 나의 똥은 더럽지만 즐겁다. 똥은 타인이 만들어줄 수 없는 온전한 나의 생산물이지만, 그 목적은 소유가 아니라 버려지는 데 있다. 똥의 배출은 쾌락적이지만 장운동으로 인한 복통, 항문 점막의 자극 등 불쾌를 동반한다. 이처럼 모순적인 속성이 동시적으로 전개되는 성질을 양가성(ambivalence)이라고 부른다. 양가성은 상반된 속성이 교차적으로 나타나는 것과 구분된다. 즉, 악인이 때로는 선한 행동을 하는 경우는 양가적인 것이 아니다. 양가성의 특징은 대립되는 속성이 동시적으로 출현하는 데 있다.

프로이트는 아버지의 장례식에서 뜻밖의 경험을 하고 놀란다. 사랑하는 아버지를 잃어 깊은 슬픔에 잠겨 있는데 그 애통의 크기만큼 아버지에 대한 증오심이 자리하고 있음을 발견한 것이다. 아버지에 대한 사랑은 의심할 바 없는 진심이었다. 동시에 증오심 역시 외면할 수 없는 진심이었다. 설명할 수 없는 모순된 감정의 공존 상태를 분석한 그는 사랑에는 본능적인 공격성이 내재되어 있음을 파악하면서, 이에 양가성이라는 이름을 붙였다.

사랑은 파괴적이다. 상대의 모든 것을 소유하고자 하는 강렬한 열정은 상대의 파괴를, 상대를 위해 나를 버리는 지고지순한 마음은 자신의 파괴를 동반한다. 이해와 배려란 파괴의 적절한 수행을 가리키는 것과 다르지 않다. 적절한 파괴는 사랑을 이어주지만, 부적절한 파괴는 현실과 드라마 양쪽에서 흔히 등장하는 비극적 사랑으로 귀결되곤 한다. 앞서 언급한 똥처럼 사랑의 감정 역시 어느 정도 통제할 수는 있지만 언젠 가는 배출되어야 한다. 파괴의 적절한 수행에는 똥의 배설과 같이 금지 가 작동한다. 하지만 마찬가지로 이 역시 사랑을 제대로 마주하는 일에 서 시작해야 한다. 사랑에 내재된 공격성, 파괴의 속성까지도 기꺼이 받 아들이는 일 말이다. 이 세상에 사랑은 없다는 식으로 부인하거나, 부정 적인 것이 제거된 순수한 사랑만을 인정하는 태도는 모두 위험하다.

똥과 사랑 모두 무의식적 층위에서 욕망의 대상이다. 양가적이고, 고 통스러운 즐거움 혹은 즐거운 고통을 주며, 나르시시즘적 욕망의 대상이 자 카타르시스를 선사한다. 대상을 평가절하하는 공격성이 내재된 똥이 기에 유머가 삭제된 똥은 실로 위험한 무기가 되기도 한다.

김소진의 단편 「자전거 도둑」은 비극적인 똥의 세계관을 적나라하게 보여준다. 그 작품은 어린 시절 가난이 새겨놓은 상처에서 놓여나지 못 하는 승호의 상실감을 다룬다. 냉소적이고 소위 '쿨'한 성격의 인텔리처 럼 보이지만 사실 승호의 내면은 어린 시절에 고착되어 있다. 그의 외상 적 장면의 정점에는 똥이 등장한다. 영세한 구멍가게를 운영하는 아버지 는 도매상 혹부리 영감의 호의로 물건을 받아오는 처지다. 잘못된 계산 으로 소주 두 병을 덜 받은 아버지는 혹부리 영감에게는 제대로 항의하 지도 못하고 몰래 소주 두 병을 훔쳐 계산을 맞추려 한다. 하지만 혹부 리 영감에게 도둑질을 들키고 난감한 상황에 처한 아버지는 절도죄를 어 린 아들에게로 돌린다. 게다가 혹부리 영감의 비위를 맞추기 위해 사람 들 앞에서 어린 승호의 뺨을 세게 때린다. 승호는 아버지의 거짓말로 죄 를 뒤집어썼지만 아버지는 불쌍한 사람이었기에 아버지에게 분노할 수 없었다.[3] 자신의 모든 분노를 혹부리 영감에게로 돌리고 복수를 결심한 승호는 어느 날 밤, 혹부리 영감의 가게로 숨어 들어가 물건을 모조리 부순다. 파괴의 절정에서 승호는 갑자기 변의를 느낀다. "나는 꾸르륵거리는 아랫배를 움켜쥐고 그 궤 쪽으로 다가섰다. 그러고는 한동안 참았던 굵직한 대변을 그 위에 질펀하게 싸질렀다."[4] 그는 혹부리 영감이 애지중지하던 돈궤 위에 똥을 싸고 유유히 도망친다. 복수 행위의 정점에서 폭발하는 배설은 소년의 분노의 크기를 가늠케 한다. 그것은 복수의 대상을 실질적으로 해한다. 승호의 습격에 혹부리 영감은 큰 충격을 받는다. 이를 계기로 그는 급격히 쇠약해져서 결국 죽음에 이르고 그가 아끼

---

3 정신분석적 관점에서 볼 때 승호가 원망하는 대상은 아버지다. 아버지가 어린 자식을 방패 삼은 비겁함 때문이 아니다. 아버지가 '아버지의 이름'을 포기했기 때문이다. 프로이트 역시 아버지에 대한 증오의 감정을 탐색하면서 유사한 기억을 떠올린다. 어린 시절, 프로이트의 아버지는 프로이트에게 다음과 같은 이야기를 들려준다. 젊었던 시절의 어느 날, 유대인인 프로이트의 아버지는 잔뜩 멋을 내고 시내 중심가를 산책하다가 한 기독교인과 시비가 붙었다. 기독교인은 아버지의 모자를 진흙탕에 내던지며 인종차별적 욕설과 함께 인도에서 내려서라고 소리친다. 그러자 그는 조용히 차도로 내려가 모자를 주워 썼다. 이 이야기를 들은 프로이트는 건장하고 멋진 어른이었던 아버지에게 크게 실망한다. 모든 아이들에게 아버지는 넘어야 할 경쟁 상대이자 가장 우러르는 상징이다. 아버지가 평범한 사람, 심지어 초라한 사람에 불과하다는 사실을 마주할 때 아이는 최고의 애정의 대상이었던 아버지에게 양가적 감정을 느끼게 된다. 프로이트는 이 같은 증오심을 로마를 쳐부순 카르타고의 영웅 한니발에 심취하는 것으로 승화시켰다. 어린 승호는 분노의 대상을 혹부리 영감에게로 투사하여 그에게 복수한 경우이다. 프로이트의 일화는 프로이트, 김인순 역, 『꿈의 해석』, 열린책들, 2003, 245~246쪽 참조.

4 김소진, 「자전거 도둑」, 『자전거 도둑』, 문학동네, 2002, 164~165쪽.

던 가게 역시 문을 닫게 된다. 무시무시한 배설이다.[5]

한편, 밀란 쿤데라는 소설 『농담』에서 똥에 대한 가장 탁월한 농담을 제시하였다. 젊은 시절 자신을 나락으로 빠뜨린 제마넥에게 복수하기 위해 주인공 루드빅은 제마넥의 아내 헬레나를 유혹하는 데 성공한다. 복수, 원한, 열정, 회한 등이 뒤얽히며 비극이 절정에 달했을 때, 절망한 헬레나가 다량의 진통제를 삼키고 자살을 시도한다. 하지만 그녀가 먹은 것은 사실 변비약이었다. 약통과 내용물이 바뀐 것이다. 헬레나의 유서를 읽은 루드빅이 서둘러 헬레나를 찾아갔을 때, 그녀는 싸늘한 시체가 되는 대신 화장실 안에서 똥을 싸고 있었다. 루드빅을 저주하며 뛰쳐나갔다가도 곧바로 화장실로 다시 기어들어갈 수밖에 없었던 그녀의 분노는 기자 야로슬로브를 통해 루드빅에게 전달된다. "그녀는 당신이 구역질이 난대요! 당신은 그녀에게 똥을 싸게 한대요! 진저리가 난다는 거죠. 그녀가 나한테 그랬어요! 정말이에요, 똥을 싸게 한대요!"[6] 루드빅이 구원받을 수 있을지는 확실하지 않지만, 헬레나는 분명 괜찮으리라 확신한다. 그녀는 타인의 면전에서 지독한 냄새를 풍기며 똥을 싸야 했기에 가장 수치스런 존재가 되었지만, 바로 그 배설로 인해 가장 강력한 주체로

---

5 일찍이 똥의 공격성에 주목했던 사람 중 한 명이 멜라니 클라인(Melanie Klein)이다. 그녀에 따르면 오이디푸스적 갈등 상황에 처한 아동이 자신의 불안을 해소하기 위해 대상에 대한 가학적 성향을 드러내는데, 이때 똥과 오줌이 효과적인 무기가 된다. "폭력이 공공연하게 드러났던 가학증 국면의 초반에는 배설물이 직접적 공격의 도구로 간주된다. 그러나 이후 배설물은 폭발물이나 독극물로서의 의미를 갖게 된다." 멜라니 클라인, 이만우 역, 『아동 정신분석』, 새물결, 2011, 236쪽.

6 밀란 쿤데라, 방미경 역, 『농담』, 민음사, 1999, 412쪽.

실체 변환하게 된다. 그녀는 비열한 루드빅과 자신을 무시하는 제마넥으로부터, 인내하는 아내, 어머니라는 굴레로부터, 남들의 시선으로부터, 그리고 무엇보다도 스스로 만들어내고 내심 즐겼던 가련한 희생자라는 환상 시나리오로부터 벗어나 당당히 현실로 귀환한다. 헬레나와 달리 승호의 카타르시스에는 구원이나 재주체화가 없다. 성인이 된 후에도 그는 여전히 어린 시절의 외상에 고착되어 있다.

4. 강박

인류의 지식이 많은 방면의 편견과 오류를 바로잡는 데 도움을 주었지만, 편견과 오류의 원인을 무지에서만 찾을 수는 없다. 예컨대, 선풍기를 켜놓고 자면 질식해서 죽는다는, 오래된 선풍기 괴담은 올바른 과학적 지식의 미비가 그 원인이었다. 이 경우 과학적 지식이 보충됨으로써 통념이 바로잡힐 수 있다. 반면, 현재 우리 사회의 핵심 이슈로 등장한 인종, 젠더, 문화, 계급 등과 관련한 편견은 무지의 문제와는 관련이 없다. 혐오를 그 심층 정서로 깔고 있는 이 같은 편견들은 앎과 무지 같은 인식의 층위에서 작동하지 않는다. 우리는 편견과 혐오가 잘못된 것임을 잘 알고 있지만, 그럼에도 불구하고 그렇게 행동한다. 혐오를 중지하지 않는 이유는 대상을 혐오할 만한 논리적 근거가 있기 때문이 아니라 단지 그것을 즐기기 때문이다. 학교에서 집단따돌림 가해자들을 인터뷰해보면, 그들은 피해자가 따돌림당할 만한 이유를 수십 개도 더 나열한다.

하지만 가해의 원인은 가해자들 쪽에 있다. 즉 가해자들은 괴롭힘 자체를 스스로 즐긴 것이다.

문제는 이러한 종류의 즐김이 우리가 일상적으로 이야기하는 즐거움, 쾌의 감정과는 전혀 다른 성질을 가진다는 데 있다. 프로이트는 무의식적 욕망의 문제를 다루면서 쾌락원칙에 대한 이론을 제시했다. 쾌락원칙은 심리의 항상성 원칙이라고 할 수 있는데, 정신생활에서 불쾌를 낮추고 쾌를 지향함으로써 정신기관이 흥분의 양을 일정 상태로 유지한다는 내용을 담고 있다. 쾌락을 추구한다는 점에서 다소 자유분방하고 통제가 어려운 심리적 에너지를 떠올리겠지만, 사실 쾌락원칙은 현실원칙으로 대체된다. 현실원칙은 생존에 유리한 현실적 조건을 가늠한다. 무작정 쾌락을 추구하는 것은 생존에 불리하기 때문에 현실원칙은 쾌락원칙과 대립하여 쾌를 통제하는 듯 보인다. 하지만 무의식은 일정 정도의 타협과 통제가 오히려 쾌를 추구하는 데 이익임을 깨닫게 된다. 쾌락을 추구하다 스스로가 위험에 처하는 것만큼 어리석은 일이 어디 있겠는가. 이렇게 외부 현실과 무의식의 욕망이 협정을 맺게 된다. 심지어 우리는 불쾌를 자처하거나 쾌락을 지연시키고 포기하기까지 하는데, 이는 더 큰 쾌락을 얻기 위한 목적에서 그러는 경우가 대부분이다. 이해할 수 없어 보이는 행동도 내적 논리를 살펴보면 궁극적으로 쾌락원칙의 영향 아래 있다는 것이다. 좋은 성적을 내기 위해 힘든 훈련을 견디는 일, 좋아하는 이와 함께 즐기기 위해 지금 보고 싶은 영화를 잠시 참는 일, 그리고 다시, 편안하고 만족스러운 배설을 위해 똥을 참는 일까지.

하지만 프로이트는 곧 자신의 초기 이론인 쾌락원칙에 '새로운 균열'

이 발생했음을 깨닫는다.[7] 신경증자들의 문제를 직접 다루면서 이러한 욕망의 메커니즘으로는 설명할 수 없는 또 다른 충동적 경제가 있음을 발견한 것이다. 쾌락원칙=현실원칙에 의해 스스로를 억압하며 조절하는 이유는 삶 자체를 즐겁게 유지하기 위해서다. 쾌락원칙과 현실원칙의 협정은 바로 이를 위한 것이다. 하지만 프로이트는 분석 과정에서 그 어떤 이익, 즉 삶의 영위와는 상관없이 작동하는 강렬한 힘을 발견한다. 이것이 바로 쾌락원칙을 넘어서 있는 죽음충동의 영역이다. 죽음충동의 영역에서는 흥분량을 조절하는 기능이 없다. 자기보존 본능은 무시되고 무조건적인 충동만이 영원히 반복된다.

이 기묘한 충동의 영역에 대한 유명한 임상 사례가 쥐인간이다. 프로이트는 강박적인 상상이 끊임없이 반복되는 탓에 괴로워하는 한 환자를 치료하게 된다. 그의 강박은 어떤 형벌에 관한 것인데, 죄수의 벗은 엉덩이 위에 항아리를 엎어놓고 쥐를 몇 마리 넣어두면 그 쥐가 죄수의 항문 안으로 파고든다는 내용이었다. 프로이트는 이 면담을 진행하며 환자의 얼굴에 떠오른 표정을 주의 깊게 메모한다. "그가 이야기하는 동안 중요한 시점에서 그의 얼굴에는 아주 이상하고 복잡한 표정이 떠올랐다. 나는 그 표정을, 그 자신도 모르게 즐거움을 느끼는 것에 대해 느끼는 공포라고밖에 설명할 수 없다."[8] 일상생활을 포기해야 할 정도로 강박적 관

---

7 지크문트 프로이트, 윤희기·박찬부 역, 「쾌락원칙을 넘어서」, 『정신분석학의 근본개념』, 열린책들, 2003, 274쪽.

8 지크문트 프로이트, 김명희 역, 「쥐인간」, 『늑대인간』, 열린책들, 2003, 22쪽.

넘에 시달리고 있는 쥐인간의 고통은 거짓이 아니었다. 그러나 동시에 그는 그 고통을 즐기고 있으며, 즐기고 있다는 데 공포를 느끼지만 그러면서도 멈출 수 없는 상태에 놓여 있는 것이다. 이 충동의 영역에서 일어나는 쾌락을 초과한 기묘한 쾌락을 프로이트는 죽음을 향한 충동, 혹은 죽을 때까지 멈추지 않는 충동이라는 의미에서 죽음충동이라 이름 붙였고, 라캉은 향락(주이상스jouissance)이라고 명명했다. 향락은 영어로 '고통스러운 쾌락(painful pleasure)'으로 번역되기도 하는데, 고통/죽음 자체가 쾌락이 되는, 쾌락이 즐거움이 아니라 고통과 죽음의 공포를 주는 이 기이한 힘의 특성을 반영하고 있다.

5. 관계

더러운 즐거움과 고통스러운 쾌락으로 요약될 수 있는 똥의 양가성은 이성이나 의식의 영역을 넘어선 향락의 차원이 똥에도 개입되고 있음을 보여준다. 똥의 즐거움은 공개되기를 꺼리는 은밀한 즐거움이다. 문명사회는 유아기적이고 은밀한 기쁨을 억압함으로써 성립된다. 각자 자신의 향락을 포기하고 있기 때문에 인간은 타인의 향락을 견딜 수 없어 한다. 내가 포기한 향락을 누군가가 즐기고 있다는 생각은 본원적인 적대감과 질투를 유발한다. 향락은 쾌락과는 달리 이익을 제시함으로써 쉽게 타협할 수 있는 것이 아니다. 금지된 향락은 사회의 가장 약한 부분에서부터 흘러넘치게 될 것이다.

원초적 대상으로서의 똥을 주체가 어떻게 대해야 하는가에 대한 고민이 이 시점에서 본격적으로 이루어져야 하는 이유는 명백하다. 최근 우리나라뿐 아니라 전 세계적으로 출현하고 있는 혐오 및 그것의 발화 문제는 관망의 단계를 넘어서고 있다. 게다가 코로나19로 인한 총체적 위기 상황에서 사회적 관계의 재설정이 불가피해졌다. 본능적이고 무의식적 욕망과 결합된 공격성과 혐오에 대해, 그것이 인간의 본성이자 특성이라는 주장이 먹힐 만큼 우리 문명은 호락호락하지 않다. 어차피 해로운 분비물을 나눌 수밖에 없는 존재이며, 체내에서 합성한 찌꺼기를 세상에 배출할 수밖에 없는 존재로서, 인간은 타인을 자신의 은밀하고 적대적인 향락의 대상으로 대하기보다는 서로에게 공통의 책임을 지고 지우는 새로운 관계를 발명해야 한다. 똥에 대한 실험은 환경 영역에서 실제의 똥 문제를 다루는 일을 넘어선다. 실제의 똥을 다루면서 우리는 필연적으로 정치, 경제, 사회의 구조적 문제와 인류 욕망의 실체를 맞닥뜨리게 될 것이기 때문이다.

똥의 실험을 성공시키기 위해서는 좀 더 본능적이고 무의식적이며 공격성을 띤 은밀한 즐거움을 한층 제도적이고 공적이며 개방적이고 타협적인 사회적 즐거움으로 재사회화해야 한다. 똥을 재사회화하는 작업이 불가능한 것은 아니다. 앞서 살펴보았듯이 우리는 똥의 언어적 활용이나 일상적 대화, 코미디와 유머, 익살, 풍자 등의 담화 등에서 사회적이고 공적으로 똥을 즐기는 법을 알고 있다. 하지만 실제의 똥에 대해서는 격리와 망각이라는 방식 이외에는 제대로 대응해보지 못한 것도 사실이다. 그런데 똥을 재사회화한다니. 이것은 타인과 자신의 똥을 나눈다는 것을 뜻하며, 나아가 자신의 고유하고 은밀한 향락을 나눈다는 말과 같다. 이것이 과연 가능할까? 향락을 즐기는 데는 각자 자신만의 고유한 방법이 있기 마련이며, 타인과 나눌 성질의 것이 아니다. 우리가 또 다른 본능적이고 은밀한 즐거움인 성적 쾌락을 허락한 파트너가 아닌 타인과 나누는 것을 거부하는 것과 같다. 따라서 똥 자체 및 똥에 대한 혐오와 적대를 전적으로 없앤다는 불가능한 기획보다는 이를 적절히 다룬다는 현실적인 기획을 고민할 필요가 있다.

나의 똥과 타인의 똥은 어떤 식으로 관계를 맺을 수 있을까? 가장 먼저 떠오르는 것은 착취의 관계이다. 복잡한 무의식적 향락의 구조를 가진 똥이 어떤 식으로 착취와 관계될 수 있을지에 대한 질문은 우문이 될 것이다. 이데올로기가 침투하여 작동하는 장소가 바로 무의식이기 때문이다. 마르키 드 사드(Marquis de Sade)의 악명 높은 소설 『소돔의 120일』은 똥 착취의 메커니즘을 적나라하게 드러낸다. 귀족(공작), 주교, 법원장, 징세 청부인 등 네 명으로 구성된 권력자들이 자신들만의 성적 향락을 누리기 위한 하렘을 만들어 120일 동안 상상을 초월한 기괴한 행각을 펼친다는 것이 소설의 주된 내용이다. 쉴 틈 없이 전개되는 성적 판타지의 충격이 어느 정도 진정되고 나면, 네 명의 권력자들이 행하는 폭력과 착취가 얼마나 조직적이고 규범적이며 계획적인지에 두 번째 충격을 받게 된다. 이 하렘의 창시자인 네 명의 권력자들은 하렘을 만들기 전에 먼저 법규를 제정하고 이 규칙을 성실하게 지킨다. 또한 희생양들이 잘 희생당할 수 있도록 사전 교육과 중간 교육에 힘쓴다. 기상 시간이 시작되자마자 식사 메뉴와 시간, 복장, 호칭, 태도에서부터 희생자인 소년들과 소녀들을 범하는 기일과 순서까지 아주 상세히 정해져 있다. 이 규칙에서 엄격한 배변 통제는 규칙의 핵심을 이룬다. "오후 1시, 소녀와 소년들, 그 밖의 사람들 가운데 절박함을 호소하는 자에게는 용변이 인정되는데, 단 그 허가는 대체로 3분의 1로 한정된다. 허가를 얻은 자는 교회의 화장실로 갈 것. 우리는 그자들을 교회에서 2시까지 기다린다."[9] "특히 배변 뒤에는 당번의 허가 없이 국소를 청결하게 해서는 안 된다. 이 규칙을 위반하면 가장 가혹한 징벌에 처해진다."[10] 네 명의 권력자들이 똥을 대하는 태도는 실로 정성스럽다. 그들은 자신들이 냄새 맡고, 맛보고, 몸에 묻힐 똥의 질을 높이기 위해 희생자들의 식사를 고단백 식단으로 실험하기까지 한다. "그러한 메뉴의 결과, 아침 점검 때 희생자들의 배설물을 음미해보자 일주일 전과는 전혀 다르게 매우 부드럽고, 잘 녹으며, 아주 미묘한 풍미가 있었다."[11]

하렘의 권력자들은 가장 내밀한 개인의 똥, 타인의 향락을 폭력과 권력을 통해 빼앗았다. 여기서 중요한 것은 단지 외적 폭력에만 의존하지 않고 교육과 문화의 힘으로 이데올로기적 차원, 즉 무의식의 영역까지 침투했다는 점이다. 권력자보다 피지배자의 수가 많았고, 희생자 중에는 남색을 위해 뽑은 건장한 청년들이 포함되어 있었는데도 고립된 하렘에서 왜 저항이 일어나지 않았는지에 대한 답이다. 노동을 착취당해도 우

---

9 마르키 드 사드, 김문운 역, 『소돔 120일』, 동서문화사, 2012, 57쪽.

10 위의 책, 60쪽.

11 위의 책, 233쪽.

리는 여전히 인간이지만, 똥마저 착취당한 뒤에도 여전히 인간일 수 있을지는 의문이다.

사드가 똥 착취의 디스토피아를 보여주고 있다면, 프로이트의 체계를 통해서는 선물로서의 똥이라는, 한층 유머러스하고 '유토피아적인' 아이디어를 탐색할 수 있을 듯하다. 프로이트 이론과 똥에 대해 이야기할 때 가장 먼저 떠오르는 용어는 항문기이다. 성적기관으로 리비도가 집중되기 이전, 즉 전성기기(pregenital) 유아의 발달단계로 자주 언급되는 항문기는 쉽게 말해 항문에서 쾌감을 느끼는 단계를 지칭한다. 인간의 성격은 성적 성숙 이전에 자신이 쾌감을 느꼈던 기관과 관련되는데, 이를테면 항문기 고착 성격은 인색하고, 깔끔하며, 고집이 센 성향이 있다는 등의 설명이 덧붙여지곤 한다. 하지만 이러한 도식화는 프로이트의 이론이 유아교육학 및 아동심리학이라는 체계로 발전하면서 강조된 것으로, 실제 프로이트의 관심은 유아 성욕에 있었다. 확실히 프로이트의 체계에는 '인색하다, 강박적이다, 고집이 세다' 등의 성격적 특성과 관련된 가치평가가 들어 있지 않다. 프로이트에게 질적 차원은 문제가 되지 않는다. 중요한 것은 리비도의 양이다. 소유물에 대한 애착이 강하고 지키는 데 관심이 있는 성향이 문제가 아니라 그러한 에너지가 과도한지 결핍되었는지가 문제라는 뜻이다. 항문기적 성향은 그 정도와 맥락에 따라 인색하다거나 절약을 잘한다는 식으로 평가된다.

프로이트에 따르면 항문기에서 의미 있는 기관은 항문의 점막, 그리고 같이 연결된 장腸이다. 그리고 장의 내용물, 즉 똥은 아이가 최초로 생산한 산물이자 몸의 일부로서 아이가 처음으로 세상에 내놓는 구체적인 성과물이다. 그리하여 누구의 도움도 받지 않고 온전히 자신의 능력으로 만든 똥은 아이에게 나르시시즘적 대상이자 세상에 내놓는 선물이라는 의미를 갖는다.[12] 아이의 똥-선물을 받은 부모는 최고의 기쁨을 표현한다. 그것은 아이가 살아 있으며, 앞으로도 살아갈 수 있다는 증명이기 때문이다. 최초의 선물인 똥은 또한 돈이 된다. 선물과 돈은 둘 다 나의 소유물인 동시에 축적 가능하며, 분배할 수 있다는 공통점을 가진다.[13] 한편, 똥-선물은 아기가 된다. 아기는 말 그대로 '선물'이고, 애정의 증거이자 사랑하는 사람을 위해 포기하는 신체의 일부분이다.[14] 돈이나 아기의 의미는 한참 이후에 일깨워지는 것이기에, 최초의 생산물이자 소유물로서의 선물이 아기에게는 똥의 원형적 의미가 될 것이라는 게 프로이트의 견해이다. 타인의 도움 없이 스스로 만들어낸 내 몸의 일부, 온전한 내 것인 즐거운 똥은 그래서 타인에게 나누어줄 수 있는 가장 순수한 형태의 선물이 될 수 있다. 우리는 아기가 아니기 때문에 똥을 선물할 수 없다. 억압과 사회화를 통과한 주체이기에 본능적이고 향락적인 똥의 유희에 탐닉할 수 없다. 하지만 똥의 실험을 통해 똥을 재사회화하고 공공의 자산으로 만들어가는 시도를 함으로써 억압되었던 똥의 즐거움을 사회적 선물로서 재정립해볼 수 있을 것이다. 아울러 온전히 자신의 힘으로 이루어낸 첫 생산의 자부심, 자기 자신에 대한 무한한 신뢰와 애정

---

12 지크문트 프로이트, 『성욕에 관한 세 편의 에세이』, 82~83쪽.

13 지크문트 프로이트, 「성격과 항문성애」, 위의 책, 194쪽.

14 지크문트 프로이트, 「항문 성애의 예로 본 본능의 변형」, 위의 책, 279쪽.

같은 본원적 즐거움을 똥−선물과 함께 억압된 무의식의 바다로부터 되찾아올 수 있다면, 개인에게나 인류에게나 얼마나 행복한 일일까.

하지만 똥의 즐거움이 어두운 무의식적 충동의 영역에서 완전히 벗어날 수 있다는 환상은 인류를 위험에 빠뜨릴 것이다. 만약 우리가 똥의 착취에 제대로 대처하지 못한다면, 그 이후에 펼쳐질 똥의 디스토피아는 지금까지의 그 어떤 인류사적 악몽과는 비교할 수 없는 지옥이 될 것이다. 과학과 예술과 인문학이 더욱 정치적이 되어야 하는 이유다.◉

5장 | 똥 - 돈 - 삶

우리 시대 똥에 대한 감각은 단순명료해 보인다. 똥은 더럽고 무가치하다. 똥은 역겨운 것으로, 될 수 있는 한 빨리 완전히 드러나지 않게 처리해야 한다는 것이 똥에 대한 통념이다. 똥에 대한 이런 통념에 의심할 여지나 덧붙일 다른 의미는 없는 걸까? 이에 똥에 대한 감각에 복합된 다른 관념들, 똥에 대한 무의식적 감각 속에 복합된 대단히 사회적이고, 문화적이며, 정치·경제적인 관념들을 찾아보고 그 가치를 물으려고 한다.

1. 정신분석학자의 육아일기: 매이의 선물

똥은 더럽고 무가치하다는 통념과 가장 다른 얘기를 한 사람이 프로이트이다. 프로이트는 똥에 대한 유아기의 감각은 '더럽고 무가치함'과는 사뭇 다르다고 한다. 프로이트의 『성욕에 관한 세 편의 에세이』(1905)에 따르면, 세 살 전후의 유아는 똥을 자기 몸의 일부분이자 소중한 것으로 느낀다. 세 살 무렵의 내 딸 매이는 자기 몸의 생산물을 과시하는 데 열심이었다. 콧물이 나오면 꼭 나를 불러 "콧물!" 하며 입으로 들어가기 일보 직전의 콧물을 가리킨다. 이건 약과다. 시시때때로 콧구멍을 후벼 파 딱딱한 코딱지나 말랑말랑한 덩어리를 꺼내 들이민다.

"엄마, 이거 봐. 엄마도 먹어봐."

받기만 하라는 게 아니라 먹으란다. 엄마가 얼굴을 찌푸리며 사양해도 물러서지 않는다. 끝내 안 먹겠다고 하면, 제 입으로 가져간다.

"냠냠, 맛있다."

약 올리며 진짜 먹는다. 프로이트 말마따나 자기 몸이 뭔가를 생산해서 남한테 줄 수 있다는 게 즐거운가 보다. 하긴, 코딱지를 파내서 튕기거나 동글동글하게 말거나 책상다리 혹은 밥상 밑에 바르는 데서 묘한 쾌감을 누렸던 어린 시절의 추억은 다들 있을 것이다.

> 나는 은빛이며 정확하다
> 나는 선입견이 없다
> 나는 보는 것은 모두 즉각 삼켜버린다
> 있는 그대로, 사랑이나 미움으로 채색됨이 없이
> 나는 잔인하지 않다
> 다만 진실할 뿐…
>
> —실비아 플라스, 「거울」.

이처럼 「거울」이라는 멋진 시를 쓴 실비아 플라스(Sylvia Plath)도 대학교를 다닐 때까지 코 파기의 쾌락을 즐겼다고 하지 않는가.

거기에는 무수한 감각적 변주가 있다. 세심하게 다듬어진 새끼손톱은 콧구멍 속의 코딱지와 코덩어리를 긁어내어 손가락 사이에 넣고 으깨어 반들반들한 마룻바닥에 튕겨낼 수 있다. 혹은 좀 더 묵직하고 견고한 집게손가락으로 깊숙이 있는 부드럽고 말랑말랑한 연록색의 자그마한 코덩어리를 후벼내어 젤리처럼 둥글게 말아 책상이나 의자 밑에 얇게 펴 바를 수 있는데…. 얼마나 많은 책상과 의자들이 그렇게 은밀히 더럽혀졌던

가?… 콧구멍을 너무 거칠게 긁은 나머지 손가락 끝에 마른 갈색 코딱지나 선홍색 코덩어리가 얹혀 나오기도 했다. 맙소사! 그건 얼마나 놀라운 성적 만족인지.

　　—슬라보예 지젝, 박정수 역, 『그들은 자기가 하는 일을 알지 못하나이다』,

인간사랑, 2004, 116쪽.

선입견이 없는 것, 주어진 틀을 파괴하는 것, 가능성의 한계를 넘는 것, 그것은 진실로 잔혹하다. 실비아 플라스는 그 형식 파괴의 잔혹미에서 성적 만족을 향유했다. 나는 매이의 잔혹한 쾌락을 방해하기 싫어 먹는 시늉을 했다.

신체 생산물 중 최고는 단연 똥이다. 어른과 똑같은 밥을 먹으면서부터 매이의 똥도 굵고 견고하고 아름다워졌다. 프로이트의 말이 아니더라도, 아이의 건강한 똥은 부모에게 선물 같다. 하지만 어른 똥과 닮아질수록 우리는 갓난아기 때의 그것처럼 마냥 예쁘다고 할 수만 없었다. 아이는 변기에 앉는 훈련을 했고, 어린이집에서 배운 대로 변기에 앉아 "아빠는 저리 가 있어"라고 하고는, 다 누면 아빠를 불렀다.

"똥아, 안녕!"

물 내리며 인사를 하곤 의기양양하게 뛰어다녔다.

프로이트는 배변 훈련을 너무 엄격하게 시키거나 아이의 요구를 너무 안 들어주면 항문기의 아이는 '선물'을 안 주고 몸 안에 축적하는 버릇을 갖게 된다고 했다. 그러면 성장해서도 수중에 들어온 돈은 죽어도 안 내보내는 '자린고비'형 성격을 갖게 될 뿐만 아니라, 항문기에 형성되는 공격성에 과잉 고착되어 '사이코패스'형 자본가의 인격을 갖게 될 수 있다고 한다. 그래서 배변 훈련을 엄하게 시키지 않았더니, 매이는 똥을 눌 때 우리 집 강아지 몽이를 '롤 모델'로 삼았다. 원래 몽이 화장실은 베란다에 있지만 매번 문 열어달라고 유리문을 긁는 게 귀찮아선지 몽이는 서재로 쓰는 방의 책꽂이 한 귀퉁이에 똥을 누곤 했다. 매이가 그걸 배운 것이다. 〈방귀대장 뿡뿡이〉를 한참 보다 말고 문득 생각난 듯 서재로 달려가더니 서서 힘을 준다. 그러고는 우렁차게 소리친다.

"아빠 똥 쌌어요."

한두 번은 그러려니 했는데, 된똥이나 무른 똥이나 꼭 책꽂이 밑에다 싼다. 또 다른 강아지 하니가 먹을까 봐—가끔 진짜 먹는다—감시하랴, 매이 엉덩이 씻기랴 정신이 없다. 그럴 때마다 아내는 비명을 지르며 경악하지만 나는 자꾸 프로이트의 말이 생각나 대충 타이르고 넘어간다. 언젠간 스스로 배우겠지 싶기에. 집 안이 매이, 몽이, 하니의 배설물 냄새로 가득차는 건 참아도 매이가 냉혹한 자본가의 인성을 갖게 되는 건 못 참겠다.

2. 항문기의 똥과 자본주의의 돈

프로이트는 똥에 대한 항문기의 감각은 배변 훈련과 발달을 통해 억압된다고 했다. 그렇게 억압된 감각은 무의식을 떠돌다가 나중에 돈에 대한 감각에 투사된다. 프로이트가 똥에 대한 감각과 돈에 대한 감각을 동일시한 이유는 무엇일까? 질 들뢰즈(Gilles Deleuze)와 펠릭스 가타리(Félix Guattari)는 『안티 오이디푸스』에서 이렇게 설명한다. "항문은 사유화에 모델을 제공했는데, 이는 돈이 흐름들의 추상적인 새로운 상태를 표현했을 때와 동시였다. 화폐경제의 항문적 성격에 대한 정신분석의 언급들이 지닌 상대적 진실성은 여기에서 비롯했다."[1]

항문이 '사유화'의 모델을 제공한다는 것은 두 가지 의미가 있다. 우선, 항문기 충동의 대상인 똥은 자기 몸이 만들어낸 최초의 생산물이자 유물(보유물)이라는 의미에서 사유화의 원초적 형상이다. 자기 몸에 축적 가능한 것에 관한 이런 대상적 사유화와 동시에 신체 자체의 사유화가 일어난다. 항문기 이전의 유아는 몸을 '자기 것'으로 사유화하는 감각이 없다. 항문기 이전 구강기의 유아는 입에 특화된 충동적 신체를 갖고 있다. 입과 결합된 충동의 대상은 엄마의 젖가슴이다. 입과 젖가슴의 결합에서 아이는 자기 몸과 엄마의 몸을 분리된 두 개체로 감각하지 않고 복합된 신체로 감각한다. 항문과 똥의 관계는 그와 다르다. 유아는 똥을 자기 몸의 일부분으로 인식한다. (사적) 소유물로 느끼고, 또한 자신에 대해 타인과 독립된 개체로 '사유화'한다.

프로이트에 따르면 유아에게 똥은 "사랑하는 사람의 설득을 통해서만 포기하는 신체의 일부분"이자 "애정의 증거로 사랑하는 사람에게 보내는 자발적 선물"[2]이며 "그것을 보류함으로써 불복종을 표현할 수 있

---

1 질 들뢰즈, 펠릭스 가타리, 김재인 역, 『안티 오이디푸스』, 민음사, 2014, 250쪽.

2 지크문트 프로이트, 김정일 역, 「항문 성애의 예로 본 본능의 변형」, 『성욕에 관한

는"[3] 표현 수단이다. 항문기의 똥은 '엄마'나 '아빠'라 불리는 타인에게 자신의 정서를 표현하는 매체로 기능한다. 이것은 구강기에 감각하는 젖가슴이 '엄마'의 젖가슴이 아니라 유아 자신의 몸과 통합된 신체의 일부분으로 감각하는 것과 대조적이다. 프로이트는 항문기가 '수동성–능동성', '애정–증오', '사랑–공격성' 등 원초적인 성격의 형성기라고 보는데, 그러기 위해 먼저 '자기' 몸이라는 사유화된 신체 감각을 형성한다.

프로이트에 따르면 항문기 똥에 대한 감각은 억압되어 무의식에 잠재해 있다가 화폐에 대한 감각에 투사된다. 왜 하필 화폐일까? 사적 생산물(소유물)이며 일반적 가치 표상인 화폐가 항문기 똥에 대한 무의식적 감각을 환기시키기 때문이다. 프로이트는 개체 발달이 계통발생을 반복한다고 생각하여, 똥에 대한 항문적 감각은 인류사의 유아기에 속하고 성인기의 화폐 감각은 문명의 발달기에 속한다고 본다.

프로이트에게 부족한 것은 역사적 감각이다. 프로이트가 선후 관계로 본 항문기 똥에 대한 감각과 성인기 화폐에 대한 감각은 마찬가지로 근대의 산물이다. 그 둘은 19세기 아버지–어머니–자식으로 이루어진 근대 핵가족의 형성 속에서, 화장실의 사유화 속에서, 근대 자본주의적 화폐경제의 발달 속에서 형성된 역사적 감각이다. 그럼에도 프로이트에게서 배울 게 많다. 들뢰즈와 가타리는 프로이트의 논의를 따라 '화폐경제의 항문기적 성격'이라는 표현을 쓴다. 화폐경제는 프로이트가 말한

세 편의 에세이』, 열린책들, 1997, 279쪽.

3 위의 책, 「유아기의 성욕」, 83쪽.

항문기 충동 체제와 속성이 같다는 말이다.

이게 무슨 뜻인가? 프로이트가 인간의 충동적 신체를 사유한 것과 같은 방식으로 들뢰즈와 가타리는 사회의 구성체를 사유한다. 다만 들뢰즈, 가타리는 인간 신체와 사회구성체를 프로이트처럼 유비적·투사적 관계로 비교하는 게 아니라, 속성의 일의성(univocal) 속에서 직접 연결한다. 들뢰즈, 가타리가 '화폐경제의 항문기적 성격'이라면서 화폐경제와 항문기를 비교하는 것은 항문기 신체에서 똥의 생산, 축적, 배출, 환류, 의미화, 가치화 방식과 같은 속성이 근대 자본주의 사회구성체에서 화폐의 생산, 축적, 배출, 환류, 의미화, 가치화 방식의 속성과 같기(uni-vocal: 두 속성에서 하나의 목소리가 들리는 것) 때문이다.

근대 자본주의에서 화폐의 흐름과 속성은 항문기의 똥과 같다. 항문기가 리비도의 생산과 흐름을 사유화하는 것처럼 화폐경제는 재화의 흐름을 사유화한다. 자본주의적 사유화는 기존의 사회적 코드와 영토들에 붙들려 있던 재화들이 탈코드화·탈영토화되는 거대한 흐름 속에서 발생했다. 화폐경제는 재화의 흐름을 탈코드화시킨다. 그것은 각각의 사회적 코드에 따라 질적으로 상이한 재화의 가치를 시장의 교환가치로, 화폐의 가치로 추상화시키는 과정에서 이뤄진다. 재화의 흐름을 탈코드화·탈영토화시키는 매개체로 기능하는 화폐는 공동체 내부의 인격적 매개를 통해 가치화되는 신용화폐가 아니라, 탈코드적·탈영토적 속성을 가진 '금'으로 대표되는 '정화正貨(specie)'이다. 자본주의는 사회적 코드와 영토로부터 이탈한 화폐의 흐름이 광범위하게 일어나면서 형성되었다. 그런 사유화된 화폐의 흐름이 또한 광범위하게 축적됨으로써 잉여가치를 낳는 화폐, 즉 자본이 탄생한 것이다.

화폐의 흐름을 사회공동체로부터 이탈시켜 사유화된 흐름으로 전환시킨 것은 누구였을까? 사회체들의 경계에 있는 화폐 거래자들이다. 주로 해방된 노예나 해적들로 이루어진 화폐 거래자들은 사회공동체에서 분리된 천한 신분이거나 신분 자체가 없는 사람들이었다. 한 사회공동체에 자기 자리가 없는(디아스포라 유대인처럼) 배제된 존재들이 하는 일이었기에 화폐유통은 중세기에 더럽고 추악한 행위로 여겨졌다.

화폐를 유통시키는 기관인 은행은 사회공동체 안이 아니라 주변(marginal), 공동체 외부와의 경계 지점, 인체에서 항문이 있는 경계 지점에 있었다. 외부로 열린 그 위치 때문에 은행은 사회적 코드나 전제군주적 초코드로부터 이탈한 화폐의 흐름을 생산하고 사유화할 수 있었다. 은행은 사회체의 항문이라고 할 수 있다. 들뢰즈와 가타리가 "사유화되어 사회장 밖에 두어야 할 최초의 기관은 항문이리라"[4]고 할 때의 그 기관은 은행에 대한 설명이다.

은행과 화폐의 관계적 속성은 항문과 똥의 관계와 같다. 은행은 항문처럼 통화를 생산한다. 은행은 항문이 똥을 배출하면서 리비도를 얻듯이 통화를 발생시키는 데서 사회적 리비도(권력)를 얻는다. 항문기의 똥이 누군가에는 선물을 의미하지만, 또 누군가에게는 보유를 통한 거절의 의미를 띠듯, 은행은 자본가에게 선물처럼 화폐를 내주지만 프롤레타리아에게는 인색하게 문을 닫는다.

---

4 『안티 오이디푸스』, 250쪽.

3. 항문 쾌락의 억압과 '인류애의 정치'

자본주의 사회체에서 화폐는 항문기의 똥이 그렇듯 숭배의 대상이다. 화폐의 권능은 재화를 탈코드화·탈영토화시키는 역량에서 비롯된다. 자본주의 사회는 상품과 자본의 탈코드적·탈영토적 흐름을 적극 촉진하지만, 인간(노동력)과 인간관계의 탈코드적·탈영토적 흐름에 대해서는 그렇지 않다. 특히 오이디푸스적(가부장적) 가족관계에 위협이 되는 일련의 성적 욕망과 가치들에 대해서는 배타적이고 억압적인 태도를 보인다. 항문기 쾌락의 억압과 그로 인한 혐오감정은 근대 생명정치의 핵심 자원으로 활용된다.

2016년 5월 17일, 강남역 10번 출구 인근 공용화장실에서 일어난 여성 타깃 살인사건으로 혐오 담론이 들끓었다. 피의자 남성(34)이 범행 동기에 대해 "평소 여자들에게 무시를 당해 참을 수 없었다"고 답한 것 때문에 평상시 남자들의 일상화된 폭력에 시달리던 수많은 여성들이 거리로 쏟아져 나와서 우리 사회에 만연한 여성혐오를 고발했다. 한편 혐오 문화의 진앙지로 알려진 '일베'를 비롯하여 많은 남성들이 온오프라인에서 조현병력이 있는 피의자와 자기 자신을 분리하면서 모든 남자를 잠재적 범죄자로 취급하지 말라며 소리쳤다. 그들 중 몇몇은 강남역 10번 출구의 추모 물결 속으로 용감하게(?) 뛰어들었다. 그들이 든 피켓에는 이렇게 쓰여 있었다.

"남자 여자 편 가르기 그만했으면. 친하게 지내요."

"피해자를 추모합니다. 혐오를 조장하지 맙시다. 안전한 대한민국 남녀
함께 만들어요."

"추모제를 혐오제로 만들지 맙시다."

"남혐男嫌 여혐女嫌 남남南南 혐오 그만했으면"

마사 누스바움(Martha Nussbaum)의 『혐오에서 인류애로』는 강남역
살인사건으로 촉발된 혐오 담론에 몇 가지 중요한 시사점을 제공한다.
이 책의 제목은 '혐오에서 인류애로(from disgust to humanity)'이지만, '혐
오의 정치(politics of disgust)에서 인류애의 정치(politics of humanity)로'
라고 읽어야 한다. 마사 누스바움이 이 책에서 전하는 메시지는 강남역
10번 출구 앞에 온 일베 유저들의 '우리 서로 혐오하지 말고 사이좋게
지내자'와 같은 것이 아니다. 누스바움의 문제의식은 혐오의 표현이 상
대에게 얼마나 상처를 주는가에 있지 않고, '혐오의 감정이 역사상 어떻
게 정치적으로 이용되었는가' 하는 점이다. 혐오 표현으로 누군가를 기
분 나쁘게 할 수 있다는 건 잘 알지만, 그걸로 정치를 할 수 있다는 건
잘 생각하지 못한다. 마사 누스바움은 혐오가 아니라 혐오의 정치에 관
심을 가지라고 말한다.

혐오의 정치란 혐오를 정치공동체의 구성 원리로 삼는 것이다. 누스
바움은 심리학자와 인류학자의 논의를 참조하여 혐오(disgust)라는 정서
가 정치공동체, 즉 '바디 폴리틱(body politic)'의 구성 원리로 동원되는
방식을 탐색한다. 혐오의 정서는 신체의 경계와 관련 있다. 그것은 어떤
식으로든 '나'의 신체 안으로 스며들어 나를 오염시켜서 자아의 신체적

통일성을 위협하는 대상에 대한 정서적 반응이다. 배설물, 혈액, 정액, 소변, 코의 분비물, 생리혈, 시체, 부패한 고기, 진액이 흘러나오거나 끈적거리거나 냄새가 나는 곤충 등과 같은 원초적인 혐오 물질은 성性과 죽음 등 인간의 동물성을 환기시키는 비정형적 물질이다. 혐오의 정치는 특정 집단에 이런 혐오 물질의 특성을 투사함으로써 그들에 대한 차별·추방·폭력을 합리화한다. '바디 폴리틱'을 구성하려는 정치적 이념과 혐오의 정치가 국가의 통치 이념으로 채택된 것은 근대 '생명–정치(bio-politic)'에서다. 미셸 푸코에 따르면, 생명–정치란 사회를 유기적 신체로 보면서 '사회체'를 오염시키고 퇴화시키는 인구 집단을 통계학적, 위생학적, 법률적, 도덕적, 인간학적 관점으로 포착하여 제거하는 정치적 이념과 실천이다. 근대 생명정치를 대변하는 파시즘은 이념적 도덕적 위생 감각을 총동원하여 '바디 폴리틱'의 오염물로 포착된 정신질환자, 히피, 유대인들을 체계적으로 절멸시키려 했다.

제2차 세계대전 이후 혐오의 정치는 사라졌을까? 누스바움은 1950년대 영국의 패트릭 데블린(Patrick Devlin)이 주장한 법철학에서 제2차 세계대전 이후 잔존한 혐오의 정치를 발견한다. 데블린은 어떤 행위가 타인에게 아무런 실질적 피해를 끼치지 않더라도 사회의 평균적인 구성원이 혐오감을 느낀다면 그것만으로 불법화하기에 충분한 이유가 된다고 주장했다. 그에 따르면 사회의 파멸을 방지하기 위해서는 공유된 도덕과 규범을 보호해야 하므로, 일반적으로 혐오감을 불러일으키는 동성애와 약물 오남용은 모두 범죄로 규정되어야 한다. 미국에서 혐오의 정치를 동원한 대표적인 인물은 가족연구소의 창립자이자 반反동성애운동의 수장인 폴 캐머런(Paul Cameron)이다. 캐머런은 「동성애자들이 하는 행위의 의학적 결과들」이라는 팸플릿에서 "의학적으로 봤을 때 동성애자들의 전형적 성행위는 공포물이나 다름없다. 침, 배설물, 정액, 때로는 피를 서로 다른 사람과 섞는다고 상상해보라. 주기적으로 오줌을 마시고 배설물을 삼키며 직장이 파열된다고 상상해보라"[5]고 선동했다. 그러면서 보통사람들이 느끼는 그 혐오감만으로도 동성애 행위를 처벌하는 '소도미법(Sodomy Law)'은 합리화될 수 있다고 주장했다. 2003년 소도미법이 전면적으로 무효화되기까지 미국에서 동성애에 대한 혐오정치는 법률로 승인받았다. 미국에서 사라진 소도미법은 대한민국 군형법 제92조의 6항 "항문성교나 그 밖의 추행을 한 사람은 2년 이하의 징역으로 처벌한다"에 남아 있다. 2008년 대법원의 판결은 동성애 성행위를 "객관적으로 일반인에게 혐오감을 일으키게 하고 선량한 성적 도덕관념에 반하는 성적만족행위"로 규정했다. 일반인들의 혐오감에 근거하여 동성애 행위를 처벌하는 '혐오의 정치'를 법률적으로 승인한 것이다.

누스바움은 혐오의 정치를 극복할 길을 '평등한 자유'에서 찾는다. 모든 개인의 자유에 대한 평등한 존중이 실현되는 정치, 그것이 누스바움이 제시하는 대안이다. 누스바움은 그것을 '인류애의 정치'라고 부른다. 그에게 '인류애(humanity)'란 라틴어 '후마니타스(humanitas)'에 함축된 의미, 즉 타인에 대한 존중의 태도를 가리킨다. 일상적으로 '후마니타스'는 상냥함이나 겸손함을 뜻하지만, 누스바움은 아담 스미스와 키케로

---

5 마사 누스바움, 강동혁 역, 『혐오에서 인류애로』, 뿌리와이파리, 2016, 36쪽.

의 용법을 통해 그 단어에서 '모든 개인의 자유에 대한 평등한 존중'이라는 정치적 이념을 도출한다. 누스바움은 미국의 건국이념, 특히 로드아일랜드 정착촌을 건설한 로저 윌리엄스(Roger Williams)에게서 '인류애의 정치'를 찾을 수 있다고 한다. 로드아일랜드는 서로의 재산권을 존중하는 공정한 합의에 기반하여 청교도 분파에 속하는 이단자들뿐만 아니라 침례교도, 퀘이커교도, 가톨릭교도, 유대인, 심지어 (최소한 공식적으로는) 이슬람교도들까지 기꺼이 받아들였으며 원주민과도 좋은 관계를 맺었다. 그럴 수 있었던 것은 그들이 공통의 이념을 공유해서가 아니다. 로저 윌리엄스는 아메리카 원주민을 섬세하게 존중하며 그들에게 지속적으로 우정을 보여주면서도 그들의 종교를 '악마적'인 것으로 여겼다. 그런데도 그들을 존중한 까닭은 그들 역시 자기 종교에 대한 '양심'을 갖고 있는 주체로 보았기 때문이다. 종교적 평등에 관한 저술에서 그는 이렇게 말한다. "나는 대단히 신비로운 세상에서 의미를 탐색하고 있다. 당신도 마찬가지다. 나는 내가 맞고 당신이 틀렸다고 생각하지만, 우리는 둘 다 각자의 양심이라는 능력에 의존하는 탐색자에 불과하다. 우리가 서로를 존중해야 하는 참된 요건이다." 로저 윌리엄스와 누스바움에게 인류애는 연민에서 오는 것도 아니고, 그 양심은 어떤 동일성이나 공통 이념에서 비롯되는 것도 아니다. '인류애'란 나와 타자의 '다름'을 긍정한다. 나와 같은 특성, 나와 같은 이념을 가진 이를 존중하는 건 쉽다. 하지만 나와 다른 특성과 이념을 가진 타자를 존중하는 건 어렵다. '인류애'란 그렇게 어려운 것이다.

타인을 존중할 수 있는 근거는 어디서 나올까? 그 역시 나처럼 자기 삶의 주체임을 인정하는 데서 비롯된다. 그는 나의 적일 수 있지만, 내가 그렇듯이 그도 자기 삶의 위대한 전사라면, 나는 기꺼이 그를 존중할 것이다. 이런 태도가 바로 로저 윌리엄스, 키케로, 누스바움이 말하는 '후마니타스'이다. '인류애'는 이중의 '주체화'를 요구한다. 인류애의 주체가 되는 것은 내가 내 삶의 주체(주인, 주권자)가 되는 동시에 타인 역시 그의 삶의 주체임을 인정하는 것이다. 그 이중의 주체화 속에서 탈코드적·탈영토적 속성은 혐오의 이유가 아니라 변화의 원동력이 된다. 억압을 뚫고 주체성을 분출하는 여성들 앞에서, '싸우지 말고 사이좋게 지내자'는 '한남'들이 넘볼 수 있는 경지가 아니다.

4. 도시에서 농사짓기와 똥거름 만들기

도시농업을 하면서 똥에 대해, 특히 사람 똥에 대해 혐오감보다는 소중함을 느낀 적 있다. 2014년 연구자공동체(수유너머R) 생활을 할 때 노들섬에 조성된 시민텃밭을 경작했다. 마을활동하는 청년들과 함께 14평 규모의 텃밭을 경작하게 되었다. 처음으로 제대로 된 밭을 갖게 된 기쁨에 굉장히 몰입했다. 일이 있을 때는 이틀에 한 번 정도 갔고, 일이 없을 때도 들러서 원두막에 드러누워 책 읽다가 밭에 가보기도 했다. 노들텃밭에 중독됐다. 너무 자주 가는 게 남 보기 민망할 정도였다. 텃밭이 생기자 재배기술 욕심도 생겨 인터넷 검색을 통해 작물별 재배법을 배워 실천해갔다. 심는 시기, 병해충 예방 및 방제 방법, 이어 지을 작물 등.

텃밭을 가꾸는 인구가 꽤 많아서인지 괜찮은 블로그도 많아, 검색하는 재미가 쏠쏠했다.

노들텃밭 농사에서 가장 절실하게 배운 것은 '순환'이다. 연구실 주방 매니저를 맡은 뒤로 농작물의 '가치'를 절감했다. 예전에는 '가꾸는' 재미만 있었는데, 수확해서 이용하는 재미까지 알게 되었다. 텃밭 작물이 수확될 때쯤이면 시장의 농산물 가격은 싸진다. 다른 텃밭지기들이 수확한 작물을 정신없이 선물해준다. 예전에는 그런 것이 텃밭에서 나온 작물의 가치를 낮춰 보게 했다. 하지만 직접 농사를 지어보니 전업농가의 노고와 불만을 이해하게 되었고, 제철 농산물 저장 방법도 궁리하게 되었다. 호박·가지·토란대는 말려서 겨울에 먹고, 풋고추·오이는 초절임해서 먹는 등 농작물을 연장 보관하는 방법을 배웠다. 텃밭과 주방, 농사와 요리가 원활하게 순환되지 않으면 농작물은 적절하게 평가받지 못한다. 직접 음식을 만들어보지도 않으면서 텃밭 작물을 주방에 부려놓고는 아내가 고마워하지 않는다고 투덜대는 텃밭 농사꾼이 얼마나 많은가? 자기가 농사지은 작물로 직접 요리를 할 때 비로소 농작물의 가치평가와 가치실현을 일치시켜 나갈 수 있다.

농사의 순환은 씨뿌리기에서 먹는 것으로 끝나지 않는다. 먹고 남은 잔여물을 다시 대지에, 작물에 되돌려줄 때 순환은 완성된다. 그래서 부산물의 퇴비화가 중요하다. 노들텃밭에서 얻는 재미 중 절반 이상은 거름 만드는 데 있었다. 아니, 재미 이전에 절실히 '필요'했다. 먹을 만한 작물을 얻으려면 충분한 시비가 필요한데 천연비료값이 만만치 않았다. 20Kg에 1만 원, 봄가을 두 차례 14평 텃밭 밑거름 비용만 해도 대략 10

만 원이 든다. 웃거름도 줘야 하고, 액비도 줘야 한다. 화초 가꾸는 게 아니라면 비용 대비 농작물 가치가 너무 떨어진다. 그래서 동네 방앗간에서 깻묵을 사다가 발효시켜 비료로 썼다. 1포대 7,000원이면 1년에 두 차례 밑거름은 충당된다. 웃거름용 액비는 오줌을 모아서 발효시켜 썼는데, 도시에서는 오줌을 모으는 일도 쉽지 않았다. 남자의 오줌을 받는 게 수월해서 다른 남자들에게 도움을 청했지만 호응이 없었다. 나 혼자 오줌 마려울 때마다 남들 안 보는 데 가서 손잡이 달린 주둥이 넓은 우유통에 오줌을 누어 모았다. 오줌이 가득 찬 우유통을 남들 안 보이는 곳에 모아두는 것도 여간 신경 쓰이는 일이 아니었고, 그것을 차에 실어다 텃밭에 가서 뿌릴 때는 옆 사람들 눈치도 봐야 했다. 음식물 쓰레기를 왕겨(혹은 멧밥)와 섞고 EM효소를 뿌려 발효시켜서 거름으로 이용하기도 했다. 연구실 베란다와 옥상 공간에서 음식물 거름 만들기는 물기와 냄새를 철저하게 통제하는 등 세심함을 요구하는 일이었고, 잠시라도 방심하면 주변 사람들의 민원에 시달려야 했다.

부산물을 퇴비화하는 과정에 가장 어려움을 겪었던 것은 생선 암모니아 액비 발효였다. 시장에서 공짜로 생선 내장과 찌꺼기를 얻어다가 EM효소와 섞은 다음 술 담그는 플라스틱 통에 부어 발효시켰는데, 냄새도 고약스럽지만 실수로 뚜껑을 닫아 두었다가 하마터면 가스로 폭발할 뻔했다. 1년간 옥상 한 귀퉁이에서 노심초사 발효시켜 맑은 생선 발효액을 얻을 수 있었다. 하지만 그 발효액을 1.8리터 생수병에 덜어서 지하철을 타고 노들섬으로 이동할 때 '지옥'을 경험했다. 비닐봉지로 몇 겹을 쌌지만 생수병 마개가 금이 간 걸 몰랐다. 지하철을 타고 얼마 안 있어 승객들이 코를 킁킁거리며 주변을 살피기 시작했다. 시선이 내 쪽으로 모아질 즈음 나는 식은땀을 흘리며 마침 열린 문으로 얼른 내렸다. 그러자 이번에는 승강장에 있던 사람들이 코를 손으로 막으며 주변을 두리번거렸다. 나는 '암모니아 액체 폭탄'을 들고 밖으로 나갈까 지하철 철로로 뛰어내릴까 어쩔 줄 몰라 하다가 마침 온 다음 지하철을 또 탔다. 다시 승객들의 '냄새 반응'이 느껴졌고, 그다음 정류장에 내렸다가 타고, 그다음 정류장에서 또 내리고, 그렇게 타고 내리기를 반복한 끝에 노들섬에 겨우 도착했다. 그때 나는 '혐오의 시선'이 어떤 것인지, 혐오스런 존재를 찾는 눈빛과 가리키는 손이 어떤 것인지, 유대인, 흑인, 동성애자, 페미니스트 여성, 장애인 등 소수자들이 경험한 혐오의 시선이 어떤 것인지를 확실하게 체험했다.

부산물 퇴비의 하이라이트는 똥거름이다. 도시에서 똥거름을 만든다고 하면 정신 나간 사람으로 취급하겠지만 의외로 방법은 간단하다. 우리 집(다세대 빌라)에 다행히 화장실이 두 개 있었다. 그중 하나의 수세식 변기에서 물을 뺀 후 변기에 들어갈 만한 바가지를 구해 '검정 비닐봉지'를 씌운 후 변기 안에 둔다. 대변을 본 후 물을 내리는 대신 왕겨를 뿌린다. 사나흘 뒤 용기가 차면 비닐을 벗겨 옥상에 마련해둔 똥거름 상자에 붓는다. 냄새도 안 나고, 생각보다 깨끗하다. 덕분에 내 몸이 소중한 뭔가를 생산하고 있다는 생각에 똥 누는 일이 설렌다.◉

6장 | 수세식 화장실, 그 적정하지 않은 기술

사람똥, 소똥, 돼지똥, 개똥, 고양이똥… 처리해야 할 똥오줌이 점점 늘어나고 있다. 과학기술 분야 조사전문기관인 CBInsights[1]는 2017년 3월에 주요 '똥 테크 스타트업(Poop Tech Startup)' 41개를 소개했다. 이들 똥 테크 스타트업은 변비 해결을 위한 액세서리와 비데, 특수한 화장실 휴지, 기저귀, 물이 필요 없는 화장실, 에너지를 만들어내는 화장실 등 다양한 배변 경험을 재구성하는 기술 제품을 개발하고 있다. 이 스타트업에 투자자들 116명이 6억 9,000만 달러(약 8,140억 원)를 투자했다. 이 스타트업의 똥 테크 외에도 똥 관련 기술은 화장실의 변기 같은 배설기구에서부터 똥의 수거, 이송, 처리(여과, 소독, 건조, 고형화), 활용, 폐기(소각, 매립, 방류)까지 다양한 분야에 걸쳐 있다. 이 기술들 중에 과연 똥 관련 적정기술은 무엇일까?

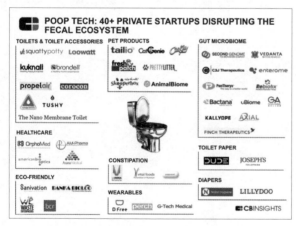

CBInsights가 발표한 '주목받는 똥오줌 적정 기술 스타트업'

1 CBInsights는 미국의 국립과학기술재단과 벤처투자사들로부터 후원을 받고 있는 기술과학 분야의 조사분석기관이다. https://www.cbinsights.com/research/poop-tech-startups-market-map/

1. '똥 테크'가 뜬다

적정기술이란 환경에 영향을 덜 끼치고, 화석에너지를 사용하지 않으며, 지역의 문제를 해결하고, 지역의 자원과 기술을 활용할 뿐만 아니라, 지역의 기술 수준으로 제작·유지·관리·수리가 가능하고, 발생한 이익이 지역민에게 돌아가는 기술을 가리킨다. 물론 적정기술과 관련해 모두를 만족시킬 정의는 아직 없다. 기술은 과거 기술의 한계와 문제점을 개선하면서 발전한다. 지금까지 개발된 적정기술들도 개선의 여지가 많지만, 개선하다 보면 기술의 문턱이 높아질 수 있다. 더구나 개발도상국이 아니라 현대화된 산업도시에서 적정기술이 가능할까 의문이 든다. 필자는 적정기술을 '현재의 기술을 개선하면서 생태적 순환 속에 재배치하는 지역의 기술'로 정의한다.

똥 관련 적정기술의 이해를 위해 화장실의 기술 발달부터 살펴보자. 화장실은 노천 배변, 임시 구덩이 화장실, 고정 구덩이 화장실, 배기관 구덩이 화장실, 잿간 발효 화장실, 수세식 화장실, 바이오가스 화장실, 진공 화장실, 우주선 화장실 등으로 변천했다. 똥 처리 기술은 배설물의 악취를 줄이고, 토양과 수질의 오염을 방지하고, 벌레와 세균 발생을 억제해 질병을 예방하는 '위생과 보건'을 최우선 과제로 삼았다. 서구의 똥 처리 기술은 경제성장과 과학기술의 발달, 위생 의식의 확산과 궤를 같이했다. 지금 우리가 똥과 관련된 적정기술에 관심을 갖는 목적은 과거 방식에 대한 낭만적 시각에서 회귀하려는 것이 아니다. 하수도 시설커녕 재래식 화장실조차 제대로 갖추지 못한 제3세계나 인적이 드문 오지에나 적합할 적정기술을 적용하자는 것도 아니다. 현재까지 각 지역에서 똥과 오줌을 처리해온 방식의 문제를 해결하고 개선하며 발전해온 기술을 생태적 순환 속에 재배치하는 지역의 적정기술을 살펴보고, 지금, 우리에게 필요한 적정기술들을 생각해보고자 한다.

화장실의 발달과 장단점

노천 배변	동물적이고 원시적인 방법이다. 노지나 수로에 배변·방뇨하는 것으로, 도시에서는 오염과 미관을 해치는 결과를 초래한다. 비용이 들지 않지만 벌레와 병균의 온상이 될 수 있고, 악취가 심하고 주변을 오염시킨다.
임시 구덩이 화장실	임시로 구덩이를 파고 배변한다. 구덩이를 파는 데 돈이 들지 않는다. 오줌은 땅으로 흡수되고, 악취, 벌레, 세균 문제를 일으키지만, 구덩이에 모았다가 부숙시킨 똥은 묘목의 거름으로 사용할 수 있다. 벌목으로 황폐해진 숲을 복원하고, 과실나무와 식량 재배에 비료로 사용할 수 있다. 이 화장실을 적절하게 활용하기 위해서는 교육이 필요하고, 6~9개월마다 새로운 구덩이를 파야 한다.
고정 구덩이 화장실 (재래식 화장실)	제3세계에서 널리 보급되는 단순한 재래식 화장실이다. (벽돌과 시멘트로 만든) 똥구덩이에 균열과 누수가 생길 경우 주변 토양과 인근 하천, 지하수를 오염시키고 악취가 심하다. 똥과 오줌이 고인 채 자연 발효하기 때문에 벌레와 세균의 온상이 되어 질병을 일으킬 수 있다. 시공하는 데 비용이 적게 들며, 단순하고, 하수관 연결 없이 독립적으로 만들 수 있다.
배기관이 있는 고정 구덩이 화장실	고정 구덩이 화장실에 배기관을 설치할 경우 역한 냄새와 파리가 들끓는 것을 약간 줄일 수 있다. 배기구 설치에 비용이 추가된다.
잿간 발효 화장실	구덩이에 모인 똥에 나뭇재나 톱밥, 왕겨를 혼합하여 오랫동안 발효시키면 양질의 퇴비를 얻을 수 있다. 발효가 촉진되어 냄새가 줄어들고, 벌레나 세균의 번식을 어느 정도 억제할 수 있다. 오줌과 똥을 분리해야 하고, 지속적으로 나뭇재·왕겨·톱밥이 필요하다.

수세식 화장실	좌변기와 상하수관이 연결되어 있어야 하고, 분뇨를 하수관으로 씻어낸 후 정화조 또는 하수관을 거쳐 별도의 분뇨처리시설에서 처리한다. 청결하고, 위생적이고, 사용하기 편하고, 관리가 용이하다. 단점은 과도한 물을 사용하고 지역의 상하수체계와 연결되어야 하며, 다른 화장실들에 비해 하수관 인프라의 건설, 유지, 보수, 분뇨의 수거, 이송, 처리에 많은 비용이 발생한다.
바이오가스 화장실	화장실의 변기는 기밀이 유지된 소화조와 연결되어 있어 분뇨는 이곳에 모인다. 인분 외에도 축분, 음식물 찌꺼기를 넣을 수 있는 투입구가 별도로 있고, 소화조에서 인분과 음식 찌꺼기, 축분을 혼합할 수 있다. 소화조 내부의 발효 과정에서 열과 메탄가스가 발생한다. 메탄가스는 조리 화덕, 난방 장치, 발전기의 연료로 사용할 수 있다. 발효열 덕분에 세균 번식과 벌레 생성을 억제할 수 있고, 발효가 끝난 대변과 정화된 소변은 양질의 비료로 농사에 투입할 수 있다. 상하수체계의 없이 독립 설치가 가능하다. 지속적으로 가스를 발생시키기 위해서 상당한 양의 축분, 인분, 음식 찌꺼기를 공급해야 하고 적절한 온도를 유지해야 한다. 고정식 화장실에 비해 설치 비용이 높고 유지 관리가 어려우며, 많은 공간을 차지한다.
진공 화장실	변기의 차압 밸브를 활용하여 부분적인 진공 상태를 만들어서 배변을 수거할 수 있는 시스템으로, 물이 필요치 않고 하수관 인프라와 수세식 변기에 비해 설치비는 저렴하지만 유지비가 증가한다. 기차, 비행기 등에 적용되었는데, 악취가 없고 동결 및 누수 걱정이 없으며 지하수 오염을 일으키지 않는다. 단, 지형이나 지역 상황에 따라 처리 용량에 제한이 있다. 수천 가구의 배설물을 수거할 수 있지만 원거리 설치에 어려움이 있고, 별도의 진공 스테이션이 필요하다. 알래스카, 아랍, 미국 마스다르, 오스트레일리아 사우스웨일, 영국, 독일 북부, 폴란드, 에스토니아 등 세계 여러 소도시에서 활용하고 있다.
우주선 화장실	고압의 진공 장치를 사용해서 배설물을 필름 봉투에 밀봉하고, 지구로 귀환 후 처리한다. 오줌은 정화해서 다시 신선한 물로 만들어 재사용하거나 재음용할 수 있다. 무중력 공간이기 때문에 우주인들은 끈이 달린 발판에 발을 끼우고 앉아야 한다. 위생적이고, 오줌을 식수로 사용할 수 있지만 매우 복잡하고, 설치·사용·유지에 비용이 많이 들며 사용하기 어렵다.

Toiletday.org, notechmagazine.org, water.org 참조.

2. 배설과 폐기의 외부화와 주변화

우리가 해결해야 할 똥 문제는 본질적으로 과도하게 인구가 밀집된 도시화의 문제이자, 똥과 오줌을 폐기의 대상으로 처리하는 방식으로 개발된 비순환적 시스템의 문제이다. 산업화된 대도시들은 이미 현대과학 기술을 활용하여 도시의 배설물을 처리하는 고도화된 일관 시스템을 갖추고 있다. 그런데도 우리가 똥 관련 적정기술에 관심을 갖는 이유는 현대적인 도시의 배설물 처리 시스템, 즉 하수처리 시스템이 문제이기 때문이다. 현대적 하수처리 시스템의 문제는 폐기의 외부화와 주변화, 집중적인 인프라와 과도한 비용, 과도한 물 사용과 재활용이 제한적인 비순환 처리로 요약된다.

현대 도시의 하수처리 시스템은 배설과 폐기를 외부화, 주변화한다. 배설排泄은 말 그대로 '밀어내서 흩어놓는다'란 뜻이다. 그 자체가 외부화 행위다. 일단 사람은 똥과 오줌을 몸 밖으로 배출한다. 배설한 것을 처리하지 않으면 악취, 벌레와 병원균 증식, 수질오염 등 여러 위생상·미관상 문제가 생긴다. 하수관은 로마제국에서 시작해 19세기 말까지 서구 도시의 문명 인프라의 상징이었다. 도시 전체에 걸쳐 설치된 하수관과 하수처리 시스템은 현대 도시의 문화적 경제적 수준의 바로미터로 여겨졌다. 하지만 하수관은 배설과 폐기의 외부화 장치였을 뿐 오히려 위생과 보건의 취지에 어긋나는 결과를 야기했다. 로마시대에서 오늘날까지 하수체계를 마련한 도시들은 분뇨를 자신의 도시로부터 먼 곳으로 흘려보내거나 바다에 투기한다. 그 결과 중세의 도시에서 종종 도시의 하수

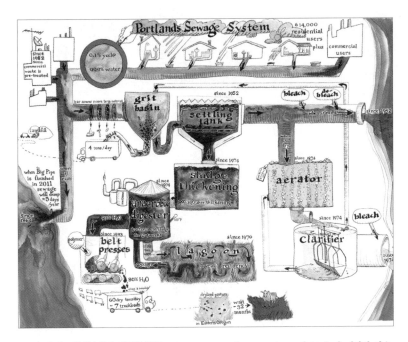

미국 포틀랜드의 하수처리 시스템 변천   Clocina.org Mathew Lippincott와 Molly가 제작한 하수, 화장실, 영양 순환에 대한 포스터.

체계는 해당 도시는 물론 하류의 지방 도시와 농촌에까지 치명적인 콜레라, 장티푸스 등 수인성 질병을 확산시키는 원인이 되었다. 당시에는 오염된 하수를 처리할 수 있는 기술이 발달하지 않아서 더더욱 그랬다.

현대 도시의 하수처리 체계는 어떻게 발달해왔을까? 1845년에 건설된 미국의 신생 산업도시인 포틀랜드를 예로 들어보자. 포틀랜드는 도시가 건설된 후 20년이 지나서야 도시의 하수체계를 마련하기 시작했다. 1864년부터 포틀랜드는 도시의 분뇨와 생활하수, 공장 폐수를 크고 작은 하천을 통해 강과 바다로 방류했다. 도시가 생기고 100년도 더 지난 1952년에야 분뇨, 생활하수, 산업폐수, 빗물을 함께 이송하는 복합하수관과 하수에 섞인 고형 쓰레기들을 걸러내는 거름망, 모래나 흙을 걸러내는 그릿 챔버(Grit Chamber), 작은 입자를 가라앉히는 침전탱크 같은 처리 시설을 설치했다. 그러나 이 하수 시스템은 비가 올 때마다 넘치기 일쑤였고, 강으로 방류되는 하수에는 소독을 위해 투입한 염소계 표백제가 포함되어 있었다. 1974년에 이르러서 현대 하수처리의 기본 구성요소인 포기조와 침전탱크에서 수거한 슬러지의 수분을 제거하는 건조장치, 하수 슬러지를 미생물로 발효시켜 가스를 발생시키는 소화조[2]가 설치되었다. 이때에도 역시 강과 바다로 방류되는 물에는 여전히 표백제와 각종 화학물질이 완전히 정화되지 못한 채 섞여 있었다.

1993년에는 발효조를 통과하고 남은 슬러지에 고분자 복합체(Polymer)를 혼합한 후 압착하여 퇴비로 만드는 장치를 도입했다. 하수 슬러지 퇴비는 도시 외부의 건조한 땅을 초지로 만드는 데 쓰였다. 그 이전까지는 어느 정도 수분을 제거한 슬러지들과 발효 처리된 슬러지들이 도시 외곽에 그대로 매립되었다. 그릿 챔버나 거름망에서 수거한 각종 쓰레기, 흙과 모래는 현재까지도 매립되고 있다. 한국 도시의 경우도 이와 유사한데 최종 폐기 과정에서 소각 공정을 추가했다. 이처럼 현대 도시의 하수처리 시스템은 사람의 배설물을 하천과 바다, 토양에 방류하거나 매립하

---

2 하수 중에 산소를 발생시켜 증식한 호기성 미생물로 하수에 포함된 유기물을 생분해시킨 후 침전·정화하는 장치다.

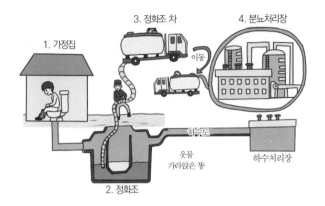

1. 가정집
2. 정화조
3. 정화조 차
4. 분뇨처리장

이동

하수도

윗물
가라앉은 똥

하수처리장

분뇨의 처리 과정
출처: edunet.net T-Clear 과학 분야 똥 이야기.

는 방식의 외부화 체계로 시작되었고, 환경오염 문제가 사회적으로 대두되면서 20세기 중반부터 점차 각종 여과, 정화, 처리, 재활용 시스템을 도입했다. 배설을 외부화하는 하수처리 시스템은 여전히 우리 삶의 배경이자 생존의 환경인 자연을 지속적으로 오염시키고 있어 더욱 개선할 필요가 있다.

현대 도시의 하수처리 시스템에서 발견할 수 있는 또 다른 특징은 하수처리시설의 주변화다. 한국은 환경기초시설로 하수처리시설, 분뇨처리시설, 축산폐수처리시설, 간이축산폐수처리시설, 산업폐수(산단), 산업폐수(농단), 마을하수도, 매립중매립장, 매립완료매립장으로 구분하고 있다. KOSIS(국가통계포털)에 의하면 2019년 현재 전국적으로 하수처리시설은 4,216곳으로, 경기도에만 398곳이 있다. 이 하수처리시설들의 위치를 살펴보면 환경기초시설의 주변화 양상이 한눈에 들어온다.[3] 필자는 파주에 살고 있어 서울-고양-파주 간을 자주 왕래한다. 서울-파주 구간에 역한 냄새가 나는 지점이 몇 군데 있다. 쓰레기매립장, 하수처리장, 분뇨처리장, 돼지 농가 중 하나로 짐작된다. 대체로 서울 인근에서 악취가 나는 지역은 예전에 외곽이었거나 현재 외곽이거나, 아니면 한강변에 접한 곳이다.

하수처리시설의 지리적 주변화는 어렵지 않게 확인된다. 서울의 오폐수와 분뇨는 하수관로를 통해 주로 하천 또는 한강변에 위치한 중랑(성동구), 서남(마곡동), 탄천(강남구)의 하수처리시설과 고양시와 서울시가 공동 이용하는 난지(고양시 대덕동) 등 4곳에서 처리한다. 이 4곳에 서울의 하수분뇨처리장이 있는 이유는 인구가 밀집되어 있고 하수관로 설치율이 100%에 이르기 때문만은 아닐 것이다. 서울의 미친 땅값, 전체 인구의 1/4 거주, 경제력과 정치권력이 집중된 것도 그 이유일 것이다. 거대한 위장처럼 서울은 경계와 주변부에 배설물을 처리하는 거대한 시스템을 갖추고 있다. 이 시설들은 모두 한강과 한강 지류에 인접해 있고, 과거 서울의 외곽 지역이었거나 현재 외곽인 지점이다. 이들 시설에서 처리된 폐수는 일단 한강으로 방류되고, 걸러진 고형 슬러지는 최종적으로 서해 바닷가에 조성된 인천 서구 검암매립장에서 매립하거나 소각하거나 재활용 처리한다.

---

3 환경공간정보서비스, 국가수자원관리종합정보시스템(http://www.wamis.go.kr) 참고.

고양시와 파주시는 어떨까? 고양시는 생활하수와 분뇨를 덕양(삼송), 토당(원릉), 지영(벽제), 법곳(일산) 4곳의 하수처리장과 법곳(일산)과 현천(난지)의 분뇨처리장 2곳 등 모두 6곳에서 처리한 후 하천으로 방류하고 고형 슬러지들은 인천 검암매립장으로 보낸다.

도농지역인 파주는 서울과 고양의 하수처리와 사뭇 다르다. 주소지 기준으로 15곳의 하수처리시설과 봉암 1개소의 분뇨처리시설, 봉암 2개소의 축산분뇨처리시설이 있다. 게다가 파주에는 서울과 고양시에는 없는 산업폐수처리시설이 문산, 월롱, 금파, 탄현, 첨단 등 5곳이나 된다. 파주의 총 23개 시설에서 발생한 슬러지도 역시 인천 검암매립장으로 이송하여 최종 처리한다.

서울에서 외곽의 고양과 파주로 갈수록 하수와 분뇨처리시설들은 분산 배치되고 개소도 증가한다. 도농지역의 인구밀집도가 다르고, 하수도 보급률에 차이가 있기 때문이다. 전국적으로 하수도 보급률은 2019년 기준 93.9%인데, 서울은 100%, 경기는 94.6%, 전남은 80.7%이다. 농촌지역(군 단위)의 하수도 보급률은 70%다. 이는 하수도 보급률의 차이에 기인했다기보다는 인구밀집의 양상이 다르기 때문이다. 일별한 것이기는 하지만, 도시 밀집도가 높고 정치경제적 자원이 집중된 지자체나 도시일수록 오폐수처리시설과 분뇨시설의 개소는 적고 규모는 거대하다. 인구밀집도가 낮은 농촌지역은 인구밀집 지구의 분산된 상황에 따라 주거 밀집지역 주변의 하천이나 산골짜기에 각종 처리 시설을 분산 배치하고 있다. 인구밀집도가 높은 대도시든 밀집도가 낮은 소도시와 농촌이든 현대 하수처리 시스템은 배설·폐기시설을 외부화하고 주변화하는 특징이 뚜렷하다. 인프라 설치비용, 지자체 간 책임 소재, 이해관계와 갈등, 주민들의 오염시설 기피 때문에 자기 폐기물과 배설물의 완전한 외부화가 제한되고, 주변에서 처리해야 하는 딜레마에 빠진다. 배설물을 처리하고 폐기하는 과정에서 발생하는 오염과 제반 문제는 결국 자신의 문제로 돌아온다.

3. 거대한 하수 인프라와 과도한 비용

현대 하수처리 체계의 가장 큰 문제는 도시의 확장과 함께 점점 거대화되는 하수 인프라와 그것을 설치, 유지 관리, 보수하는 데 과도한 비용이 든다는 것이다. 2017년 전국에 설치된 하수관로의 길이는 14만 9,030km로, 지구 네 바퀴 반에 해당한다. 이 중 20년 이상 경과한 노후 관로의 비율은 40.2%에 달한다. 점점 더 하수(분뇨 포함) 처리 비용이 늘어날 수밖에 없는 상황이다. 2017년 정부가 공개한 하수도 통계자료에 따르면 전국적으로 한 해 하수처리 비용으로 약 10조 원이 들었다. 이 가운데 서울이 1조 원이고, 경기도는 2조 5,000억에 달했다. 하수요금 징수와 매립가스 발전, 메탄가스, 비료 판매 등 잡수입을 합친 수익이 3조 9,000억 원이라지만 들어가는 비용에 비하면 턱없이 적다. 만약 재정, 환경, 에너지, 인구 감소, 물 부족, 자원 고갈 등의 이유로 이렇게 막대한 비용이 드는 하수처리 시스템이 제대로 작동하지 않게 된다면 어떤 문제가 발생할까? 이런 고비용 하수처리 시스템을 지속적으로 유지하면서 안

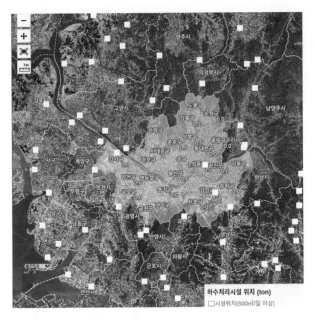

하수처리시설 위치 (ton)
☐시설위치(500㎥/일 이상)

수도권 하수처리시설 위치

정적으로 관리한다는 것이 과연 지속 가능할까?

기후변화와 각종 재난, 인구 감소, 에너지 위기 등의 변수는 국가적 거대 인프라에 근본적인 도전이 되고 있다. 기반시설의 일부는 수십 년에 걸쳐 붕괴될 개연성도 배제하기 어렵다. 점점 재난이 일상화되어가는 상황과 예기치 못한 사회경제적 요인으로 인한 거대 인프라의 붕괴 위기에서 우리는 자유롭지 못하다. 지진이 발생한 대부분의 지역에서 가장 곤란한 문제로 꼽히는 것이 화장실과 배변 처리다. 상하수도체계가 붕괴되면 식수는 사 먹는다고 해도 하수구는 막히고, 수세식 화장실은 똥이 넘치게 된다.

현대 도시의 수세식 변기와 하수처리 시스템은 고비용으로 생산된 수돗물을 과도하게 소비하고 방류한다. 앞서 언급한 포틀랜드의 하수처리 시스템을 살펴보면 수세식 분뇨처리, 생활하수, 산업용 폐수에서 물이 차지하는 비율이 99.9% 이상[4]이다. 현대 도시들은 막대한 비용을 들여 체계적으로 지나치게 많은 물을 오염시키고, 다시 이것을 처리하여 방류하고 있는 셈이다. 한국의 경우 물의 오염 비율을 보면 수세식 화장실을 비롯한 생활하수가 42%로 가장 많고, 산업폐수(37%)와 축산폐수(8%)가 뒤를 잇는다.[5] 수세식 변기는 통상 한 번 물을 내릴 때마다 수돗물 10리터가 소요된다. 한국인 1인당 1일 물 사용량의 25%에 해당하는 45리터의 물이 수세식 변기에서 똥과 오줌을 눌 때마다 하수관으로 빠져나가는 것이다.[6] 미국 펜실베이니아대학 웡탁싱(Tak-Sing Wong) 연구원에 따르면, 현재 지구상의 인간들이 똥오줌을 쌀 때 사용하는 물이 하루 1,410억 리터에 달한다.[7] 그럼에도 현대 산업도시에서 수세식 변기와 현대적 하수처리 체계는 유일하게 위생적이고 기술이 명백히 증명된 문명화된 화

---

4 크로시타 블로그(http://www.cloacina.org/fancybox/portland_sewers.html)

5 한강홍수통제소. 물과 환경(http://www.wamis.go.kr/ewi/sub/sub05/sub05_05.aspx)

6 「미래&과학: 1인당 하루 물 사용량의 1/4이 변기로… 화장실을 재발명하라」, 『한겨레』 2012. 08. 27. http://www.hani.co.kr/arti/science/technology/548964.html

7 「변기에도 '나노 혁명' … 물 90%나 적게 쓴다」, 『경향신문』 2019. 11. 24. http://news.khan.co.kr/kh_news/khan_art_view.html?art_id=201911242117015

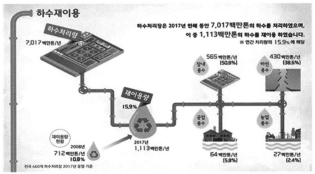

하수찌꺼기 처리와 하수의 재이용 현황 출처: 2017년 환경부 하수도 통계

장실 시스템으로 인정받고 있다.

그렇다면 현대 하수처리 시스템은 과연 믿을 만한 것일까? 하수의 재활용 비율은 여전히 낮다. 2017년 환경부 하수도 통계를 살펴보면, 매립장까지 이송된 하수찌꺼기(분뇨 포함)는 소각(19%)·매립(15%)·건조(6.1%) 처리되고, 연료·비료·시멘트의 재료 등으로 재활용되는 양은 절반 정도(56.8%)에 그친다. 아직까지도 하수찌꺼기의 1/3은 소각하거나 매립한

다. 하수의 물을 정화해 재사용하는 비율은 15.9%로, 하수처리장 내 용수나 공업용수, 농업용수 등으로 재이용하는 게 고작이다.

인천 검암의 수도권매립장도 오폐수 슬러지의 처리와 재활용은 기대에 못 미친다. 여전히 방류, 소각, 매립에 의존하는 형편이다. 이곳에서 분뇨와 하수 슬러지를 건조 소각해 시멘트 재료로 재활용하거나 소화조에서 발효 처리해 퇴비로 만든다. 나머지는 단순 매립한다. 소각로에 배기정화 장치가 설치되었는데도 악취가 심하고 대기오염도 불가피하다. 과거에는 분뇨를 바다에 버렸지만, 지금은 그럴 수 없다. 해양 투기를 금지하고 있기 때문이다. 검암매립지의 침출수 처리 용량은 하루 600~700톤이다.[8] 침출수는 탈리액과 병합, 정수한 2급수로[9] 서해에 방류한다. 검암매립지에서 하루에 발생하는 슬러지 가스는 세계 최대 규모인 50MW급 화력발전소에서 연소하면 하루 120만kW의 전기를 생산할 정도다. 고형화처리시설은 오폐수 슬러지를 고화제 및 시멘트와 혼합하여 일정 기간 건조 양생한 뒤 매립장에 복토한다. 요컨대, 수세식 변기의 '깨끗한 화장실' 신화에 갇힌 채 무심하게 똥을 싸고 내려보내는 하수가 고도화된 현대식 하수처리 시스템에도 불구하고 매일같이 우리의 땅과 강과 바다와 공기를 더럽히고 있다는 뜻이다.

---

8 수도권매립지관리공사(http://www.sic.or.kr)

9 하수를 활성슬러지법으로 처리할 때 발생하는 잉여슬러지를 혐기성 분해하고 남은 액체.

4. 똥 처리의 순환적 전통과 적정기술

분뇨처리는 동서고금을 막론하고 도시의 골칫거리다. 한·중·일 3국
은 지난날 수질오염 없이 똥과 오줌을 처리해왔다.[10] 20세기 초까지 중
국의 대도시는 미국이나 유럽의 도시들만큼 인구가 많았고 인구밀도도
높았지만, 이들 지역에서 하천의 물은 대체로 식수로 쓸 수 있었다. 동북
아시아에서는 서구와 달리 똥오줌을 쓰레기가 아니라 거름의 자원으로
여겼다. 방류와 매립, 폐기를 전제한 서구와 달리 순환적 처리 시스템이
었던 것이다. 그러나 도시 인구가 증가하면서 상황은 달라졌다. 똥오줌
이 질펀했던 중세의 프랑스 파리처럼 17~18세기 조선의 한양은 대도시
로 성장하면서 발에 차이는 똥이 많았다. 인구는 밀집하는데 똥을 퇴비
로 쓸 농토는 부족했던 탓이다. 한양 사람들은 뒷간에 쌓인 똥을 길거리
나 인근 하천과 강변에 버렸다. 결국 똥오줌의 무단투기를 법으로 금지
하게 되었고, 똥 장수들이 등장했다. 이들은 도성 집집마다 뒷간의 똥을
퍼 성 밖의 농토에 뿌려주고 돈을 받았다. 똥오줌이 상품이 된 것이다.

중국에서도 마찬가지였다. 중국의 경우는 작은 시골 마을은 물론 대
도시까지 모든 가정에서 도기 항아리에 대소변을 모아 수거했다. 이렇게
수거된 똥이 매년 1인당 450kg이었다. 상하이上海에는 수백 척의 배를
이용해서 똥오줌을 운송하는 운하 시스템도 생겼다. 1908년 중국의 사업

---

10 프랭클린 히람 킹, 곽민영 역, 『4천 년의 농부』, 들녘, 2006. 미국 농림부 토양관리
국장을 지낸 저자가 1909년 한국·일본·중국을 여행하면서 직접 눈으로 본 농업 현
황에 대해 방대한 답사 보고서를 남겼다.

농토에 인분을 뿌리는 중국 농민
중국 중학교 생물교재, 인민교육출판사.
http://www.pep.com.cn/czsw/rjbczsw/rjczswtp
/201008/t20100830_1443336.html

가들은 도시에서 수거되는 똥오줌 7,800톤을 농촌에 팔 수 있는 사업권
을 확보하려고 해마다 3만 1,000달러를 지불했다. 이는 현재 가치로 70
만 달러에 상당한다. 이처럼 똥은 부를 축적하는 수단이자 농토를 비옥
하게 할 귀중한 자원이었다.

　1908년 일본에서도 똥통을 메고 다니거나 똥통을 수레에 싣고 다니
는 똥 장수들이 도시의 똥오줌을 수거해서 농촌으로 가져갔다. 약 2,000
만 톤의 인분이 수거되어 거름으로 사용되었다.

　도시화가 일어나기 전 인구밀집이 낮은 동북아시아 농촌지역에서는
자신의 집에서 나온 똥오줌을 농토의 퇴비로 사용했는데, 도시화가 진척
된 후에도 똥오줌의 수거와 운송, 거래 체계를 만들어 농촌으로 가져가

서 거름으로 사용했다. 그 덕분에 수질오염도 상당히 성공적으로 방지할 수 있었다. 하지만 20세기 중반부터 화학비료가 보편적으로 사용되고 서구의 하수 시스템이 도입되면서 똥오줌의 순환적 활용은 중단되었다. 그뿐만 아니라 아시아는 전 세계 화학비료의 절반 이상을 사용하는 대륙이 되어버렸다.

인분만 농업에 이용할 수 있는 것은 아니다. 델리 첸(Deli Chen) 멜버른대학교 교수가 이끄는 연구팀은 가축분뇨로 만든 퇴비가 농업생산성을 높일 뿐 아니라 토양의 질소 오염도 감소시킬 수 있다고 주장한다. 화학비료는 식물 성장에 필요한 가용 질소를 공급하기 때문에 널리 사용되지만, 농사용 화학비료로 사용된 질소의 약 50%가 주변 환경으로 손실될 뿐 아니라 오늘날 농업에서 큰 문제 중 하나인 토양 질소 오염을 일으킨다고 지적한다.[11]

전 세계적으로 가축의 배설물을 통해 얻을 수 있는 연간 질소 생산량은 약 1억 톤에 이른다. 가축 배설물 퇴비를 사용하면 토양에 탄소를 더 잘 저장할 수 있고, 온실가스 발생을 감소시킨다. 또한 토양의 미생물을 촉진시켜 토양의 질소와 탄소를 더 잘 고정시킬 수 있다. 암모니아 배출은 27% 감소하고, 지하수로의 질소 침출도 29% 줄일 수 있으며, 질소 유출량도 26% 저감할 수 있다. 이 외에도 가축분뇨 퇴비는 인, 칼륨 및 작물의 필수 미량 영양소 같은 다른 영양소를 제공한다. 그러나 국내의

---

11 Melbourne Pursuit, 멜버른대학교 연구 논평(https://pursuit.unimelb.edu.au/articles/the-power-of-recycled-poo)

경우에는 오히려 가축분뇨 퇴비를 지나치게 사용하여 토양이 과영양화되는 문제가 있다. 가축분뇨 퇴비 역시 과도한 사용은 도리어 부족한 것만 못하다. 과도한 육식과 축산업의 결과이기도 하다. 사육 두수가 전통 농경사회에 비해 크게 증가했기 때문이다.

현대 도시의 하수처리 시스템의 문제점을 인정한다면, 그리고 농경사회였던 과거 한·중·일 동북아시아의 순환적 똥오줌 활용 방식을 참고한다면, 우리가 선택할 적정기술의 지향점은 명확해진다.

첫째, 똥오줌을 폐기물이 아닌 자원으로 인식하고 다양한 활용 방안을 개발해야 한다. 우리는 인분과 축분이 퇴비는 물론이고 발효를 통해 열과 전기를 생산하는 데 사용될 수 있다는 걸 알고 있다. 코끼리 똥으로는 양질의 술을 만들 수도 있다. 섬유질이 많이 포함된 코끼리와 코뿔소 똥으로 종이도 만들 수 있고, 건축에 활용되는 벽돌이나 미장재뿐만 아니라 다양한 가구도 만들 수 있다. 인분으로 똥숯을 만들어 조리용 화덕의 연료로도 사용할 수 있다. 문제는 이런 제품을 소비할 시장을 어떻게 만드느냐에 달려 있다.

둘째, 방류, 매립, 소각, 여과, 정화 등 기술적 처리와 폐기 중심에서 자연정화 방식이 결합된 똥오줌의 순환이 우선되어야 한다. 일명 생태뒷간이나 편의성을 더한 이동식 화장실 등 퇴비화 변기들은 배설된 똥과 오줌의 악취를 줄이고 똥오줌을 근거리 농지에 거름이나 퇴비로 활용할 수 있다. 농촌이 아닌 대도시에 바로 적용하려면 무엇보다 도시 농장, 도시 텃밭, 정원 등 근거리 농지가 필수이고, 똥오줌 거름을 운반하는 수단에 대한 고려가 더해져야 한다.

셋째, 거대 집중 하수처리 인프라에서 소지역별 분산처리 체계로의 전환이 필요하다. 대소변을 포함한 하수처리와 폐기를 무책임하게 외부화하지만 결국 주변화할 수밖에 없는 딜레마에서 벗어나 소규모 인구밀집 단위로 지역 내부화, 즉 지역화하는 방식이어야 한다. 진공식 화장실과 하수관 체계는 지금까지 세계 곳곳의 마을과 소도시 지역에서 성공적으로 작동해온 대안적 시스템이다. 만약 이러한 시스템을 마을이나 아파트 단위로 내부화·지역화한다면 똥오줌의 배설과 처리, 물의 사용과 환경에 대해 직시하게 되고, 지역적 자기 책임을 갖게 될 것이다. 똥오줌을 자원으로 활용할 때 얻게 되는 이점과 이익을 가시화하여 지역민에게 돌려줄 수 있다. 그러려면 지역민의 옹호를 받는 공통의 자원이자 공유 시스템으로 만들 수 있어야 한다.

잭 월시(Zack Walsh) 독일 포츠담 고등지속가능성 연구원(IASS)은 "공통의 자원을 공유하는 일은 불안정성, 갈등, 점증하는 자원 부족으로 압박을 받으면서 점점 더워지는 세계에서 살아남기 위한 조건을 제공하는 데 필수적이다. 최근 공유 기반 경제학의 폭발적 증가는 이런 시스템 위기에 대한 대응으로 등장했다"[12]고 주장한다. 바우웬과 라모스는 "공유에 기반한 시스템은 자원 처리량을 최대 80%까지 줄이면서 번영을 유지할 수 있다"[13]고 말한다. 미셸 보웬스와 호세 라모스 역시 "공유 기반 시

---

12 잭 월시, 「커먼즈 패러다임의 전환」. http://thetomorrow.kr/archives/11271

13 잭 월시 재인용. Rizos, X., & Piques, C., "Peer to peer and the commons: A path towards transition. A matter, energy and thermodynamic perspective", Amsterdam, Netherlands, 2017: P2P Foundation.

스템에 대한 다양한 분야의 실험이 포스트 자본주의 단계로의 전환을 위한 맹아 형태를 구성한다"[14]는 설득력 있는 주장을 펼친다.

넷째, 대도시의 주거, 입지, 인프라 조건과 기존 배변설비를 고려한 현실적인 기술적 대안을 지향해야 한다. 아무리 생각해봐도 이러한 지향을 만족할 만한 적정기술을 찾기가 쉽지는 않다. 현재까지 우리에게 이미 알려진 똥오줌 관련 대다수 적정기술은 제3세계나 인구밀집도가 극히 낮은 농산어촌 인구의 배설 용량만을 처리할 수 있을 듯하다. 우리가 살고 있는 인구 수십만, 수백만의 중소도시와 1,000만 명 정도가 살고 있는 거대도시에서 매일 배출되는 방대한 양의 대소변을 처리할 수 있는 적정기술은 무엇일까? 아무리 분산 시스템을 도입한다 해도 도대체 그 시설은 어떤 것일까? 이 질문에 아직 쉽게 답변할 수 없다. 대도시의 똥오줌을 집중적으로 처리할 수 있는 시스템이라면 이미 그것은 규모만으로도 앞서 언급했던 통상의 기준에서 이미 적정기술이 아니다. 과연 현실적인 대안은 무엇일까? 앞서 소개했던 진공 화장실과 진공하수체계는 그럼에도 불구하고 확실한 대안이 될 수 있다. 이 외에도 속속 기술의 발전에 따라 자니키 옴니 프로세서(Janicki Omni Precessor)[15]와 같은 처리

---

14 Bauwens, M., & Ramos, J., "Re-imagining the left through an ecology of the commons: Towards a post-capitalist commons transition", 2018. Global Discourse. doi: 10.1080/23269995.2018.1461442

15 Janicki Omni Processor는 Sedron Technologies사가 개발한 장치로, 분변 슬러지, 바이오 고형물 및 기타 폐기물로부터 다양한 자원(전기, 물, 열, 거름, 건축 재료 등)을 회수하면서 병원체를 죽이는 분산형 폐기물 처리 시스템이다. https://www.sedron.com/janicki-omni-processor/overview/

기술은 소규모 설비로도 예상외로 많은 용량의 분변을 처리하고, 마실 수 있는 물, 전기, 퇴비를 생산할 수 있다. 이 시스템은 언뜻 적정기술로 보기 어렵지만, 사실 그 적용된 기술과 원리는 오히려 간단하다. 만약 이 시스템에 적용된 기술적 정보와 제작을 위한 지역적 자원이 모이고 공유될 수 있다면 그 어떤 기술도 적정기술이 될 수 있다.

사례: 똥과 적정기술

(1) 코끼리 똥으로 만든 술과 종이

배설물을 처리하는 기술 및 발효조에서 발생한 메탄가스를 조리와 난방에 사용하거나 발전에 이용하거나 다양한 건조와 온수 가열을 위해 발효열을 활용하는 것 외에, 똥을 자원으로 활용하는 적정기술에는 어떤 것들이 있을까? 동물의 똥은 사람의 똥보다 활용도가 높다. 그중 하나가 코끼리 똥으로 만드는 종이와 술이다.

코끼리는 섭취한 것의 30%만 소화시킬 수 있다고 한다.[16] 이 때문에 코끼리 똥에는 다양한 열대과일과 식물들이 남아 있다. 이 코끼리 똥을

---

16 사우스아프리카 뉴스 https://www.thesouthafrican.com/food/south-africa-indlovu-elephant-poop-gin/

코끼리 똥으로 만든 술,
Indlovu Gin

세척하여 남은 열대과일과 식물 찌꺼기를 건조, 발효시키면 진(gin)을 만들어낼 수 있다. 케냐에서는 이렇게 만든 술을 제품화했는데, 그것이 바로 Indlovu Gin이다.

그뿐만 아니라 코끼리와 코뿔소 똥으로 종이도 만들 수 있다.[17] 일반적인 종이 생산은 막대한 양의 물과 에너지, 화학물질을 사용하고, 상당한 양의 이산화탄소를 방출한다. 현대 종이산업의 이러한 문제를 코끼리나 코뿔소의 똥을 활용하면 상당 정도 감소시킬 수 있다. 인도코끼리는 매일 250kg의 식물을 먹고, 먹은 것의 50% 정도를 똥으로 배출한다. 다른 코끼리나 코뿔소도 마찬가지로 주로 식물을 먹기 때문에 배설된 똥에 다량의 식물성 섬유가 포함되어 있다. 인도코끼리는 이런 식물성 섬유가 가득한 똥을 하루에 약 100kg 이상 배설한다. 코뿔소나 판다, 곰도 정도의 차이는 있으나 다량의 식물성 똥을 남긴다. 인도 뭄바이에 본사를 둔

---

17 https://www.elrhinopaper.com/

엘리노(Elrhino)는 이렇게 식물성 섬유가 가득한 동물의 똥과 낡은 면 양직물, 바나나 섬유를 혼합해서 다양한 종이를 만든다. 엘리노의 공동 설립자인 니샤 보라(Nisha Bora)에 따르면, 수제종이 생산은 지역의 젊은 여성과 젊은이들에게 제지 기술을 익히면서 돈을 벌 수 있는 기회를 제공하고, 목재를 원재료로 사용하는 종이 생산보다 44% 적은 에너지를 쓰면서도 제조 과정에서 폐기물은 50% 정도 줄일 수 있다고 한다. 이뿐만 아니라 엘리노에서 만든 동물 똥종이는 화학물질을 거의 사용하지 않아 생물학적으로도 안전하다. 또한 종이 생산을 위해 벌목하지 않아도 되기 때문에 숲을 보존하는 동시에, 코끼리와 코뿔소 등 다양한 야생동물의 서식지를 보호한다.

엘리노의 수제종이 생산 공정을 살펴보면 다음과 같다. 1단계는 원재료의 준비 과정이다. 낡은 면직물(양말 등)을 가로세로 1cm 조각으로 만든다. 코끼리와 코뿔소 똥을 모은 후 세척해서 남은 식물성 섬유만 수거한 뒤 가성소다(수산화나트륨)를 혼합한 물에 이 섬유를 넣고 4시간 이상 끓인 후 건조시킨다. 그리고 일반 수목에 비해 성장 속도가 빠른 바나나 줄기를 작은 조각으로 파쇄한 뒤 역시 가성소다와 함께 넣고 끓여서 식물성 섬유를 얻는다. 이렇게 만든 바나나 섬유 80kg과 똥으로 만든 섬유 350kg을 혼합한다.

2단계는 혼합 펄프를 만드는 과정이다. 습식원형혼합기의 일종인 홀랜더 비터(Hollander Beater)에 앞선 공정에서 만든 바나나 섬유와 똥에서 추출한 섬유(10~14kg), 낡은 면직물(양말) 조각(14~18kg)을 혼합하여 3시간 이상 습식 혼합하여 펄프를 만든다. 여기에 다시 미리 처리한

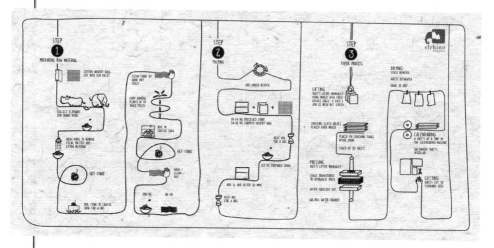

코끼리와 코뿔소 똥으로 종이를 만드는 공정

0.5kg의 동물 똥을 추가한다. 30분 뒤에 종이가 물에 쉽게 풀어지지 않게 하고 인쇄 잉크의 침투성을 조절하는 AKD(Alkyl Ketene Dimer)를 1리터 첨가한 후 다시 4시간 정도 습식 혼합한다.

　　3단계는 제지 공정이다. 망 틀을 이용해서 종이를 떠내 1차 물기를 뺀 뒤 제지용 펠트 위에 뒤집어 엎고 오랜 시간 무거운 판으로 눌러서 물기를 짜낸다. 이때 60~70%의 수분을 제거한다. 종이를 낱장씩 걷어내 말린 뒤 종이를 부드럽고 매끈하게 만들기 위해 가압 롤러에 넣는다. 최종적으로 종이를 규격대로 재단하여 완성한다.

　　아쉽게도 사람의 똥은 종이로 만들기 어렵다. 잡식성인 데다 너무 부드럽게 조리된 음식을 먹기 때문이다.

이태리 밀라노 디자인 전시 주간에 출품된 소똥과 흙으로 만든 메르다코타(mèrdacotta)

(2) 소똥으로 만든 건축용 자재와 가구

이스라엘 텔아비브에서 활동하는 아디탈 에라(Adital ela)는 소똥과 흙, 볏짚, 수수꽃(갈대꽃과 유사)을 석고 틀에 넣고 발로 눌러 12시간 동안 압축 건조시킨 뒤 아마인유를 발라 단단한 Terra Stool과 전등갓을 만들었다.[18] 이 방식은 아주 새로운 것은 아니며 이라크의 전통적인 압축토기에서 유래되었다. 이탈리아의 로카텔리(Locatelli)는 밀라노 디자인 전시 기간에 건축가 루카 치펠레티(Luca Cipelletti)와 함께 소똥 찌꺼기와 짚, 점토를 혼합하여 만든 화분, 타일, 의자, 탁자, 벽돌 등의 메르다코타(mèrdacotta)를 선보였다. 이탈리아어로 mèrda는 똥을, cotta는 도기를

---

18 https://www.youtube.com/watch?v=9o1SF17j7Jw

소똥과 흙을 혼합해서 만든 전통 흙벽돌

뜻한다.[19] 메르다코타는 소화조에서 발효시켜 메탄가스를 발생시킨 뒤 건조된 똥을 사용하기 때문에 단단하고 냄새가 나지 않고 가벼운 게 특징이다.

이 두 가지 사례는 전혀 새로운 것이 아니다. 소똥과 점토를 혼합해서 만드는 전통 벽돌은 아주 오래전부터 세계 곳곳에서 사용되어왔다. 소똥에는 식물성 섬유가 많이 섞여 있어 흙벽돌의 균열을 줄여줄 뿐만 아니라 소똥에 섞여 있는 동물성 단백질인 카세인은 흙벽돌이 물에 쉽게 풀어지는 것을 막아주는 내수성 접착제 역할을 한다. 현대적 기업인 바

---

19 https://www.fastcompany.com/3059326/introducing-merdacotta-a-wonderful-new-material-made-from-cow-poop

이오스톤(Biostone) 역시 모래와 오줌, 박테리아, 요소와 염화칼슘을 흙과 혼합하여 아주 견고한 벽돌을 만들고 있다. 이렇게 만들어진 벽돌이나 가구는 제작 과정에서 에너지가 적게 들고, 파손되면 자연의 흙으로 돌아가는 장점이 있다. 이뿐 아니라 소똥은 같은 이유로 흙과 혼합해서 흙건축의 내외벽을 치장하고 보호하기 위한 천연 미장재로도 아주 오랫동안 세계 곳곳에서 사용되어왔다. 반면, 가마에서 고온으로 구워낸 도자기는 다시 자연의 흙으로 돌아가지 않는다.

(3) 케냐 나쿠루의 똥숯[20]

소똥은 오래전부터 건조시켜 연료로 사용되어왔다. 그런데 케냐 나쿠루에서는 사람의 똥도 숯으로 만들어 사용하고 있다. 케냐 산림청에 따르면 도시 가정 에너지의 82%, 농촌 가정 에너지의 34%가 숯을 연료로 사용한다. 숯을 공급하기 위해 막대한 산림자원이 사라졌다. 게다가 하수시설이 미비하여 사람의 똥과 오줌을 포함한 배설물로 인해 하천 오염이 심각한 수준에 이르렀다. 산림자원을 보존하고 수질오염 문제를 해결하기 위해 케냐 나쿠루의 물위생서비스 회사(Nakuru Water and Sanitation Services Company)는 주민들의 똥으로 요리와 난방에 사용할 수 있는 숯을 만들었다.

그 과정을 살펴보면, 먼저 지역에서 똥을 수거한 뒤 2~3주 동안 1차

---

20 https://nawasscoal.co.ke/

똥숯 똥을 공 모양의 숯으로 만들어 건조시키고 있다.

건조한다. 한편에서는 지역 제재소에서 나온 톱밥을 고온의 가마에서 연소시켜 숯가루를 만든다. 건조한 똥덩어리에 탄소량을 증가시키기 위해 나무숯가루를 혼합하는데, 이 과정을 거치면 똥 냄새가 사라진다. 이렇게 만든 똥과 나무숯 혼합물은 분말로 분쇄한 뒤 당밀과 함께 회전 드럼에 넣어 작은 공 모양의 숯덩어리로 빚은 후 다시 노천에서 건조시켜 완성한다. 이 똥숯(똥탄)은 주민들에게 판매된다. 똥숯은 장작이나 일반 숯보다 2배 더 오래 타고 연기가 적다. 일반 숯에 비해 똥숯은 일산화탄소와 배기가스 중에 포함된 미립자 배출량을 약 1/3까지 줄일 수 있다. 다만 수거한 오줌과 똥의 수분을 날리는 1차 건조 및 공 모양으로 만든 똥숯을 노천 건조할 때 넓은 공간이 필요하고, 건조 시간이 길다는 것이 이 기술의 단점이다. 초기에는 수거한 오줌과 똥을 대형 비닐하우스에서

2~3주 동안 건조했다. 2015년 8월부터는 SNV 네덜란드 개발기구(SNV Netherlands Development Organization)와 합작하여 태양열 집열기가 결합된 일관 시스템을 활용해 대량의 분뇨를 좀 더 효과적으로 건조하기 시작했다. 직경 5m의 태양광 디스크는 빛을 13×13cm의 유리 집열부에 반사한다. 이 내부를 통과하는 분뇨는 약 5분에서 10분 동안 가열되고 단열 파이프를 통해 유리섬유와 시멘트로 단열 처리된 통에 담겨 약 1시간 동안 60℃까지 온도를 유지하면서 살균 소독된다. 그런 뒤 앞에서 언급한 일련의 과정을 거치며 똥숯을 만드는데, 약 3시간 정도 소요된다. 이러한 개선된 일관 시스템을 통해 분뇨 건조에 필요한 공간과 시간을 줄일 수 있게 되었다. 이 시스템으로 매월 6~8톤의 배설물을 처리하여 똥숯을 만들고 있다. 향후에는 월 30톤 분량을 처리할 수 있게 되기를 기대하고 있다.

(4) 퇴비화 변기(일명 생태뒷간 또는 톱밥 발효 화장실)

환경보호와 생태에 관심이 있거나 귀농을 생각해본 사람이라면 생태뒷간이 생소하지 않을 것이다. 똥을 톱밥이나 왕겨, 나뭇재와 혼합해서 잘만 발효시키면 텃밭 농사에 좋은 거름으로 사용할 수 있다. 생태뒷간이라고 하니 대충 얼기설기 화장실 모양을 갖추고 똥 눌 자리에 구멍을 뚫고 그 밑에 똥과 오줌 받을 구덩이를 파놓으면 될 성싶다. 하지만 막상 만들려면 살필 부분이 한두 가지가 아니다. 먼저 화장실에 냄새가 없어야 하니 환기를 생각해야 한다. 똥과 오줌이 뒤섞이면 냄새도 심하고

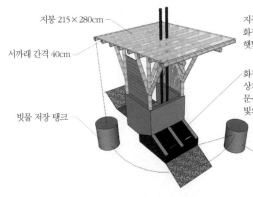

지붕 215×280cm

서까래 간격 40cm

빗물 저장 탱크

지붕은 투명 자재를 사용해서 햇빛이 화장실 안으로 들어오게 만든다. 햇빛으로 화장실 안은 일광소독된다.

화장실 하부. 변이 모이는 하부 발효 상자에 나무와 금속판으로 만든 덮개 문을 부착한다. 이때 검은색을 칠해 햇빛의 열을 흡수할 수 있도록 만든다.

두 번째 탱크. 넘치는 물과 오줌을 섞어서 텃밭에 거름으로 줄 때 사용한다. 이 탱크는 가장 낮은 곳에 있어야 한다.

카를로스 로야스 건축집단이 제시한 생태뒷간

거름으로 쓰기에도 적당치 않고 부패하기 쉽다. 파리와 모기도 많이 꼬인다. 그러니 배변 시 똥과 오줌을 분리해야 한다. 채소 키울 때 쓰려면 오줌만 따로 받을 장치도 필요하다. 이론적으로 똥은 호기성 발효, 오줌은 혐기성 발효가 돼야 하기 때문이다. 이뿐 아니다. 오줌에 포함된 요소(urea)는 똥에 포함된 미생물의 활동을 억제한다. 재나 숯, 왕겨, 잡풀을 똥과 섞어 탄질비(거름의 탄소와 질소 비율)를 조절해주어야 한다.

어디 이뿐인가. 똥이 충분히 잘 발효될 수 있도록 적절한 온도를 유지하면서 일정 양을 쌓아둘 발효통도 필요하다. 똥통이 하나면 1년 이상 충분히 발효된 똥과 생똥이 함께 섞일 수밖에 없기 때문에 최소 두 칸으로 나눠 교대로 사용해야 제대로 발효된 똥을 거름으로 사용할 수 있다. 구조도 고려해야 한다. 거름을 풀 때 퍼내기 편한 구조여야 불편함이 없다. 때때로 청소하기 쉽게 물 사용도 편리해야 한다. '그깟'이라 생각하기 십상인 생태뒷간 만들기가 이처럼 간단치가 않다. 이런 어려움을 해결하면서도 무작정 따라해보면 이 모든 요건을 충분히 갖춘 생태뒷간을 만들 수 있는 시공 가이드가 있다. 칠레의 건축집단 카를로스 로야스(Carlos Rojas)가 공개한 퇴비화 화장실 시공 가이드다.[21]

대다수 퇴비화 화장실은 기능과 구조가 매우 유사하다. 그러나 생태 뒷간은 똥오줌을 저장할 충분한 깊이의 하부구조가 있어야 하므로 오늘날 현대식 주거, 특히 아파트에는 적용하기 어렵다. 또한 발효된 거름을 곧바로 가져다 쓸 텃밭이나 농토가 가까이 있어야 하는 단점이 있다.

(5) 이동식 퇴비화 변기

바닥이나 지면의 단차를 활용하기 어려운 아파트나 오피스텔 같은 집합주택, 캠핑카에 적당한 이동식 변기가 속속 개발되어 제품화되고 있다. 이동식 변기는 퇴비화 방식일 경우 기본적으로 좌변기 형태의 본체와 변기 뚜껑, 소변과 대변을 분리하는 분리 좌변구, 본체 내부에 분리된 소변통과 대변통(또는 상자), 추가 장치로 대변에 발효를 활성화하기 위해 투여하는 숯·왕겨·톱밥 등을 혼합하고 똥의 공기 접촉을 도와주는 교반기, 냄새를 외부로 배출해주는 소형 팬과 배기 호스로 구성된다.[22]

---

21 https://csaranjuez.wordpress.com/2013/05/14/sanitario-ecologico-o-compostero-paso-a-paso/

22 https://www.waterlesstoilets.co.uk/toilets/air-head-marine

WooWoo가 출시한 에어헤드마린 건식 퇴비화 화장실(Air Head Marine Compost Toilet)은 제품명에서 알 수 있듯, 소형 요트에서 사용하기 위해 개발된 간이 화장실이다. 이 제품은 12볼트 저전력低電力으로 작동하는 배기 팬이 배기호수와 연결되어 있어 배설물을 빠르게 건조 상태로 만든다. 별도의 수거통에 모인 똥을 숯 또는 왕겨, 톱밥과 혼합하면 발효가 촉진되기 때문에 대소변 냄새도 거의 나지 않는다. 하지만 매일 발생하는 발효된 대변을 거름이나 퇴비로 이용하려면 별도로 똥을 저장하여 부숙시킬 퇴비장과 텃밭, 화단은 필수다.

2013년에 힐(Hill)과 헨리(Henry)가 개발한 이동식 화장실은 좀 더 편

똥과 오줌을 분리하는 톱밥 발효식 이동 좌변기

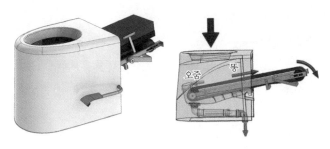

컨베이어벨트로 똥과 오줌을 분리하는 이동식 좌변기

리하게 똥과 오줌을 분리한다. 이 화장실은 좌변기에 곧바로 톱밥을 투여하지 않는다. 변기 내부에 뚜껑을 개폐하거나 별도의 페달을 밟을 때 전기 없이 기계적으로 작동하는 컨베이어벨트 시스템이 장착되어 있어 똥을 분리한다. 컨베이어벨트는 똥을 오줌(오줌은 자연 하중에 따라 아래로 내려간다)과 분리한 후 외부에 있는 별도의 저장발효 공간(퇴비화 공간)으로 이동시킨다.

(6) 소각 장치와 필터가 장착된 야외 간이 화장실

미국의 노스캐롤라이나주 연구팀은 개발도상국 또는 야외 공원이나 캠핑장에 설치하기 적당한 혁신적인 간이 화장실을 만들었다.[23] 이 화장실은 똥을 상향 이송할 수 있는 나선 스크루를 활용하여 우선 똥과 오줌

---

23 https://www.newswise.com//articles/rti-international-receives-additional-funding-from-gates-foundation-to-advance-toilet-reinvention

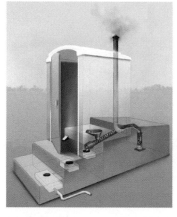

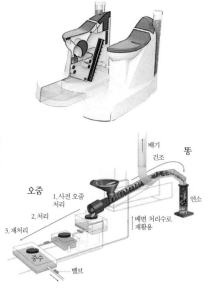

을 분리한다. 똥은 화장실 하부에서 곧바로 건조된 후 소각할 수 있다. 즉, 똥을 연료로 사용할 수 있는 것이다. 잉여 에너지는 별도의 장치를 이용해서 다른 용도로 활용할 수 있다. 오줌은 하중에 의해 자연스럽게 간이 화장실 계단 밑에 설치된 단계적 정화 장치를 거치고, 이 과정에서 발생한 열로 인분을 건조시킨다. 이 변기에는 내부에 오줌을 정화시키는 필터 장치가 있어 오줌은 소독 정화된 뒤 외부로 배출되거나 중수로 사용 가능하다. 이 기술은 개발도상국이 아니더라도 농가주택이나 야외 공원 등에서 충분히 활용할 수 있다.

(7) 진공 화장실과 하수관 시스템[24]

진공 화장실은 기차, 비행기, 선박 등에서 쉽게 볼 수 있다. 물 대신 진공펌프를 활용해서 대소변을 별도의 수거탱크나 하수관으로 내려보내는 장치다. 냄새가 없고 위생적이다. 이 화장실을 마을, 지역, 아파트, 집단주택 단위로 적용해볼 수 있다. 그러려면 우선 진공하수도가 필요하다. 진공하수관은 1959년 스웨덴에서 최초로 적용되었는데, 지역 상황에 따라 수천 채에 이르는 개별주택의 분뇨와 생활하수를 처리했다. 진공하수 시스템은 분뇨 수집 변기, 진공펌프와 밸브, 중앙의 진공스테이션, 모니터링 시스템 등으로 구성되는데, 수세식에 기반한 하수체계에 비해 설치비가 적게 든다. 동결 문제가 적어 배관을 깊게 묻지 않아도 되고, 큰 직경의 배관이나 찌꺼기를 걸러내는 맨홀도 필요 없다. 또한 강한 공압으로 막히지도 않고 누수를 걱정하지 않아도 되지만, 배관은 공기압을 일정하게 유지해주어야 한다. 수세식 하수배관과 비교할 때 운영 및 유지·보수 비용이 높았는데, 최근 센서 기술의 발달에 힘입어 획기적으로 줄일 수 있게 되었다. 단점은, 3~4km 이상 되는 먼 거리는 하수와 폐기물을 운송할 수 없어 연계 진공스테이션이 필요하고, 동일 배관으로 우수를 처리할 수 없다는 점이다. 그러나 이러한 제약에도 불구하고 진공하수체계는 소규모 지역에 성공적으로 적용되고 있다.

이 시스템은 오스트레일리아의 쿠란코브에코 리조트(Couran Cove

---

[24] https://en.wikipedia.org/wiki/Vacuum_sewer

Eco Resort), 주택 4,500채 규모의 오스트레일리아 뉴사우스웨일스주의 티가든(Tea Gardens), 아랍에미리트 두바이의 팜 주메이라(Palm Island Jumeirah)의 2,000여 건물, 아랍에미리트의 마스다르 에코시티(Masdar Eco City)와 산업지역인 라스알카이마(Ras al Khaimah), 잉글랜드 동부 저지대인 펜랜드(Fenlands) 아웃웰(Outwell), 업웰(Upwell) 마을 1,500여 주택의 분뇨와 생활하수를 처리하고 있다. 1970년부터 이미 수백 개의 시스템을 운영하고 있는 독일은 가장 많은 지역에서 진공하수체계를 사용하고 있다. 오스트리아의 수도 빈 인근의 산악지대인 게라스도르프(Gerasdorf), 인구가 600명 정도인 서부 알래스카 세인트로렌스 섬의 세인트마이클 원주민 마을에도 이 시스템을 적용하고 있고, 워싱턴의 오션쇼어(Oceanshore)시는 20년 넘게 진공하수 시스템을 사용하고 있다. 플로리다주 사라소타(Sarasota), 카네이션시 역시 수세식 변기의 물을 과도하게 사용하는 기존 하수체계가 주변 하천과 해양을 지나치게 부영양화하는 것을 방지하기 위해 진공하수체계를 선택했다. 이 외에도 폴란드, 에스토니아 등 세계 곳곳에서 진공하수처리 시스템을 활용하고 있다.

이렇게 세계 곳곳에서 진공하수체계를 적용하는 이유는 이 시스템이 지닌 연계 유연성 때문이다. 진공하수관은 진공스테이션을 거쳐 기존의 하수관과 연결할 수도 있고, 바이오가스를 발생시킬 수 있는 지역 단위의 소화조 탱크로 연결할 수도 있다. 소화조와 연결할 경우 발효열이나 메탄가스로 전기를 만들 수 있으며, 부산물은 액비나 퇴비로 활용할 수 있다. 별도의 대형 정화조나 하수처리시설로도 연계할 수 있다. 이러한 이점 때문에 우리처럼 아파트 주거 형태가 압도적인 대도시에서 대안

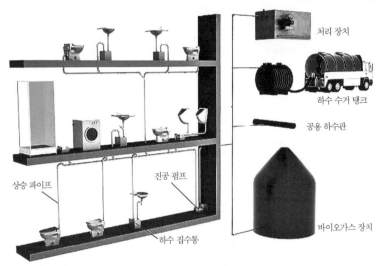

다양한 하수처리 장치들

처리 장치

하수 수거 탱크

공용 하수관

상승 파이프

진공 펌프

하수 집수통

바이오가스 장치

진공하수체계는 상황에 맞게 다양한 처리 방식과 연결할 수 있다. JETGROUP https://sswm.info/water-nutrient-cycle/water-use/hardwares/toilet-systems/vacuum-toilet

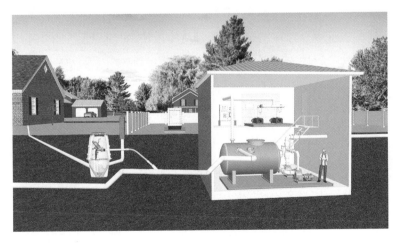

독일 마을에 적용되고 있는 진공하수체계 https://www.wikiwand.com/en/Vacuum_sewer

적인 분산형 분뇨와 하수처리 체계를 갖추려 한다면 진공 화장실과 진공 하수 시스템은 가장 현실적인 대안으로 적극 검토할 수 있다. 아파트 단지 단위로 집중화된 하수체계를 크게 바꾸지 않고도 상대적으로 용이하게 적용할 수 있기 때문이고, 아파트는 이미 주민 공동의 관리체계를 갖추고 있기 때문이다.

(8) 똥으로 식수, 열, 전기를 만드는 설비

게이츠 재단(Bill and Melinda Gates Foundation)으로부터 2012년 이후 연구자금을 받아 2015년 5월 세네갈의 수도 다카르에서 현장 적용에 성공한 프로젝트가 있다. 자니키 옴니 프로세서(Janicki Omni Precessor). 이것은 빌 게이츠 부부가 만든 재단이 적극적으로 후원하는 자니키 바이오에너지사가 만든 물리적 생화학적 똥 처리 시설이다. 이 시설은 하수 시스템이 갖춰지지 않은 도시에서 재래식 화장실의 대변을 수거하여 지속 가능한 방식으로 살균 소독한 뒤 신선하고 깨끗한 물을 생산하고, 똥을 건조된 고형 폐기물로 만들어 연료로 사용할 수 있는 시스템이다. 다카르에서 진행한 현장 가동 첫해에 분변 700톤을 처리하는 성과를 냈다. 이 시스템은 미국에 본사를 둔 세드론(SEDRON, 구 자니키 바이오에너지)이 2014년에 개발한 하수처리 시스템을 기반으로 만들어졌다. 현재 개발 중인 대형 시스템은 10만 명의 배설물을 처리하고, 하루에 8만 6,000리터의 식수와 250kW의 순출력 전기를 생산할 수 있다고 한다. 이 정도의 시스템이면 웬만한 소도시는 물론 대도시의 똥오줌도 충분히 처리할 수 있다.

처리 과정을 간단히 살펴보자. 이 시스템의 가동은 고체연료를 연소시켜 열을 발생하는 데부터 시작한다. 분변이 건조기로 흘러들어가면 고온으로 가열되면서 소독될 뿐 아니라 수분을 날려 건조된다. 분변이 건조되면서 발생한 습기는 여러 단계의 필터를 거쳐 증류된 후 깨끗한 물이 된다. 이 물은 생수로 마실 수도 있고, 보일러로 다시 들어가 더욱 가

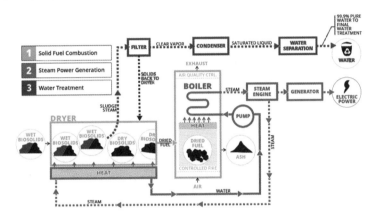

Omni Processor의 작동 방식

Omni Processo 설비

열되면서 증기가 된다. 이 증기로 발전기를 돌려 전기를 발생시키는데, 이때 이 시스템 전체를 구동하고도 충분히 남는 잉여 전기를 생산하여 판매할 수 있다. 별도의 외부 에너지는 필요치 않다. 증기 발전 과정에서 나오는 폐열은 다시 건조기로 순환되어 수분이 많은 분변을 건조하는 데 사용된다. 건조기를 통과한 분변은 마른 고형 폐기물이 되고, 이것을 태워 보일러를 가열한다. 즉, 마른 똥을 보일러의 연료로 사용한다. 배기가스는 대기로 배출되기 전에 여과 장치를 통과한다.

5. 대도시 내 생태 거점과 농업도시를 상상하다

지금까지 여러 가지 똥오줌의 순환을 위한 적정기술을 살펴보았지만 현대 도시에 적용하는 데는 해결해야 할 많은 문제가 있다. 배변문화, 주택의 형태, 기존의 인프라, 높은 지가, 지역적 님비 현상 등. 이런 문제를 생각하면 도무지 어떤 대안이 가능할지 막막해진다. 우리에겐 새로운 상상이 필요한 때다. 현재의 도시 조건에 적정기술을 맞추는 것이 아니라 적정기술에 맞춰 도시를 바꿀 수는 없을까? 갈수록 현대 도시의 정주 환경이 악화되고 있어 세계 곳곳에서 도시의 재편, 생태도시로의 전환을 주장하는 이들이 늘어나고 있다. 2011년 1월 21일 『포브스』에 실린 기사에 따르면 2008년 샌프란시스코에서 개최된 에코시티 세계 정상회의(The Ecocity World Summit)는 '생태도시'를 다음 시기에 걸쳐 예상되는 자원 부족, 기후변화, 대규모 도시화의 위협을 막는 대안으로 제시했다.[25] 세계의 공장이라는 중국조차 생태도시 건설에 적극적이다. 중국 충밍崇明 섬의 둥탄시東灘市는 대표적인 중국의 생태도시로, "지속 가능한 에너지, 차 없는 거리, 물 재활용"을 내세우고 있다. 허베이성河北省에 있는 경제도시 톈진天津도 깨끗한 물과 환경, 깨끗한 에너지, 녹색 건물을 중심으로 '3대 조화' 도시를 건설하고 있다. 『포브스』는 중국 정부의 신뢰성을 의심하지만, 중국은 생태도시 285개를 개발 중이라 주장하고 있다.[26] 중국은 급격한 산업화와 도시화의 문제를 해결하기 위해 동부 연안에서 중앙아시아 변두리, 내몽골, 남부 정글 지역까지 새로운 신생도시들에 대해 비록 말뿐이라 하더라도 생태도시를 표방하며 진행하고 있다.

도시농업을 확대하려는 노력도 진행 중이다. 2015년에 개최된 밀라노 '도시식량정책협정'에 이탈리아 138개 도시가 서명하고, 2017년 1월 네덜란드에서는 도시 의제에서 12개 도시 및 3개 국가 부처가 '도시푸드협정'을 체결하는[27] 등 도시농업에 대한 관심이 커지고 있다. 우리도 농림축산식품부가 2022년까지 국내 도시농업 인구를 400만 명까지, 도시

---

25 https://www.forbes.com/sites/williampentland/2011/01/21/the-rise-and-demise-of-earths-eco-cities/#64cfba547421

26 https://www.forbes.com/sites/wadeshepard/2017/09/01/no-joke-china-is-building-285-eco-cities-heres-why/#3d12dff12fe8

27 https://meetingoftheminds.org/sustainable-cities-require-urban-agriculture-20941

텃밭 규모를 2,000ha까지 확대하겠다고 발표했다.[28] 또 한편 중소도시에서는 인구 감소로 인한 변화의 흐름도 감지되고 있다. 이러한 흐름으로 볼 때 현대의 산업화된 도시를 생태도시, 도시 농장 또는 크고 작은 텃밭이 있는 농업도시로 재편하면서 중소 규모의 똥오줌 적정기술 설비를 적용하는 것은 어떨까? 그것이 급속한 환경 변화와 그로 인한 식량 위기를 극복할 수 있는 현실적이고 미래적인 대안이 아닐까? 농업도시라는 상상이 얼핏 비현실적으로 여겨질지 모르지만, 20세기 초반 루이스 멈퍼드(Lewis Mumford) 같은 도시 연구가들은 전원도시를 진지하게 고민했고, 지금도 세계 곳곳에서 농업도시는 작은 규모지만 시도되고 있다. 그뿐만 아니라 기존의 거대도시 속에서 효모처럼 도시를 바꾸기 위한 시도는 세계 곳곳에서 이미 시작되었다. 유럽에서는 R-Urban(Rural Urban) 프로젝트를 통해 아그로시테(Agrocite) 같은 다양한 자원순환형 공유지를 만드는 농업도시화 프로젝트[29]를 전개하고 있다. 이러한 곳들을 도시 곳곳에 만들고 똥오줌의 순환과 연결시키는 기획은 비현실적인 것만은 아니다. 오히려 현대 도시 내에서 똥오줌의 순환과 활용을 가능하게 할 생태도시나 농업도시로의 변화 없이 적정기술을 적용하려는 발상이 더 비현실적이다. 만약 도시 곳곳에 정원과 텃밭이 있는 농업도시화가 진전되고, 대도시 내 소규모의 생태 거점이 확산된다면 하수시설이 미비한 지역의 주민들을 위한 물 없는 변기, '루와트(Loowatt)' 같은 시스템과 소화조를 우

---

28 https://www.nongmin.com/news/NEWS/POL/ETC/289246/view

29 유럽 차원에서 추진하고 있는 R-Urban 농업도시화 프로젝트 http://r-urban.net/

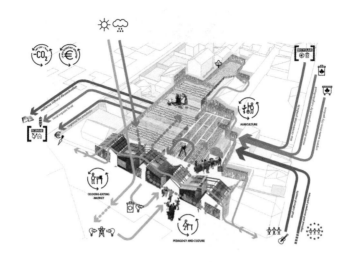

R-Urban Agrocite 프로젝트의 도시 농장을 중심으로 한 자원 순환, 온실가스 감소, 에너지 개요

리의 대도시에도 적용할 수 있지 않을까?

똥 처리와 관련된 적정기술은 배변 처리 과정에서 과도한 물 사용량을 줄이거나 사용하지 않고, 대소변의 냄새를 없애고, 배설물의 이송이 간편하고, 배설물을 에너지 생산이나 농사에 활용하는 방향으로 발전하고 있다.

똥을 톱밥과 혼합하는 퇴비화 변기는 잘 알려진 간단한 변기다. 하지만 제대로 발효를 시키려면 오줌과 똥을 나누어 수거하는 분리 수거통이 있어야 하며, 냄새를 제거하고 발효를 돕기 위해 똥을 덮는 톱밥이 있어야 한다. 텃밭이나 가까운 곳에 퇴비장도 따로 마련해야 한다. 가장 큰 단점은 인구가 많은 도시에서 이 변기가 확산될 경우, 톱밥을 확보하기

루와트의 물 없는 변기 시스템과 소화조 https://www.loowatt.com/
고정식·이동식 물 없는 변기와 그것의 운송·발효·활용 시스템. 내부에 생분해성 수거필름을 자동 절단하고 밀봉하는 장치가 달려 있다. 뚜껑 개폐로 작동된다.

어려워지고, 주변 목질계 자원을 급격히 고갈시킨다는 점이다. 농촌에서는 톱밥 대신 왕겨를 사용할 수 있지만, 대도시라면 사정이 달라진다.

2014년부터 영국 런던과 2017년부터 마다가스카르의 수도 안타나나리보에서 성공적으로 현장 실험을 거쳐 보급하고 있는 루와트(Loowatt) 변기는 톱밥을 사용하지 않는다. 대신, 생분해되는 필름을 이용하여 배변할 때마다 똥과 오줌을 통에 모을 수 있기 때문에 냄새를 차단하고 쉽게 옮길 수 있다. 필름은 별도의 손잡이나 변기 뚜껑을 여닫을 때마다 전기 없이 기어 작동에 의해 자동으로 밀봉된다. 마을에서 수거된 배설물

박스는 미생물이 들어 있는 소화조에 넣는데, 이때 메탄가스가 발생한다. 이 메탄가스를 연료로 사용하여 소형 발전기로 전기를 발생시킬 수 있다. 또한 소화조의 배설물들이 발효되는 과정에서 발생하는 발효열을 이용해서 온수도 생산한다. 미생물 발효 과정을 끝낸 액상 배설물은 퇴비공장으로 이송한 후 짚과 혼합하여 퇴비로 만든다. 루와트의 물 없는 변기와 발효 소화조, 발전·온수 시스템은 영국 런던의 보트 하우스 생활자들과 캠핑장 및 야외 페스티벌 등에서 공공화장실로 실험되었고, 현재 마다가스카르에서는 가정용 화장실과 마을 단위 소화조와 발전시설로 시범 운영되고 있다. 마다가스카르에서는 이 시스템을 이용하여 물을 데우고 휴대전화를 충전하는데, 하루에 20회 정도 온수로 샤워할 수 있고 1,000회 정도 휴대전화를 충전할 수 있다. 2018년부터 루와트는 이 시스템을 개선하여 마닐라워터(Manila Water)와 라구나 지방정부의 합작회사인 라구나워터(Laguna Water)와 협력하여 라구나 이동화장실 솔루션(Laguna Portable Toilet Solution) 사업 모델을 시범 운영하고 규모를 확대 중이다. 루와트는 2018년 8월까지 약 10만 명의 배변과 200톤의 배설 슬러지를 처리했다. 이러한 성과를 인정받아 루와트는 각종 환경 관련 상을 수상했다.

지금까지 이미 고도화된 하수처리 시스템이 갖춰져 있는 우리의 현대화된 도시에서 어떻게 하면 똥과 오줌을 자연으로 순환시키고 다양한 자원으로 활용할 수 있을까라는 관점에서 현대 하수처리 시스템의 문제를 점검하고, 현재 주목할 만한 똥오줌 관련 적정기술들을 여러 가지 살펴보았다. 진공 화장실과 진공하수관 시스템은 실현 가능한 대안이고,

그 외에도 다양한 기술 발전으로 새롭게 등장한 소규모 처리 시설이나 적정기술 변기들은 현대 도시에 적용할 수 있는 가능성을 점점 높이고 있다. 그런데도 여전히 현재 우리가 살고 있는 도시에 적용하는 데는 많은 장애가 있다. 이 장애는 단지 환경적 가치를 강조하는 기술 계몽으로 넘어서기 어렵다. 정부 정책도 적정기술엔 관심이 없다. 우리가 취할 수 있는 적용 전략은 똥오줌 순환의 적정기술을 적용한 작은 집합주택 단지에서부터 실현지를 만드는 것이다. 이 실현지의 똥오줌 순환 적정기술은 입주자에게 환경적 책임을 가시화하고 이 기술로부터 얻을 수 있는 이익을 체감하게 할 것이다. 분명하고 가시적인 성공 사례는 한국의 다른 정책적 확산의 경향 패턴에서 보듯 급속하게 확산될 수 있다.◉

7장 | 아이들은 왜 똥을 좋아할까

1. 해우재: 아이들의 똥 박물관

수원에는 변기 형태 건축물로 유명한 재미있는 박물관이 있다. 바로 아이들의 똥 놀이터, 똥 박물관으로 잘 알려진 '해우재'이다. 정식 명칭은 수원시 화장실문화 전시관 해우재로, '근심을 푸는 집'이라는 뜻의 해우소解憂所에서 연원한다. 처음 박물관을 개관할 때 이곳의 목적은 아이들을 위한 똥 박물관이 아니었다. 설립 당시에는 지금처럼 많은 아이들이 이곳을 찾을 거라고는 생각지 못했다고 한다. 이곳의 설립 목적은 고故 심재덕(1939~2009, 전 수원시장)이 화장실문화 발전을 위해 행하였던 여러 가지 행정 정책, 예를 들면 '아름다운 화장실 가꾸기 사업'을 비롯하여 한국화장실협회(KTA)나 세계화장실협회(WTA) 등의 성과와 목적을 알려 화장실문화운동을 장려하는 것이었다.

해우재 뒤에 보이는 건물이 박물관이다. 어린이들이 방문하여 즐거운 한때를 보내고 있다.

<표 1> 해우재 관람객 추이 (2013~2019) (단위: 명)

연도	총관람객	어린이	청소년	성인	외국인
2013	158,538	55,138	13,384	77,607	7,409
2014	161,845	65,176	10,767	79,112	6,790
2015	153,319	69,313	6,080	72,937	4,989
2016	202,627	97,510	5,598	89,985	9,199
2017	184,083	71,824	3,446	59,304	8,183
2018	268,457	133,337	15,371	104,036	15,713
2019	234,182	123,213	14,400	86,674	9,142
총계	1,363,051	615,511	69,046	569,655	61,425

그런데 개관 첫해부터 유치원이나 어린이집에서 아이들이 단체로 방문하기 시작하더니 이후에도 방문객의 대부분은 아이를 동반한 가족들이었다. 그러면서 화장실운동 관련 자료와 유물 일색이었던 박물관이 점차 아이의 신체에 맞게 전시물을 하단에 설치하고, 아이의 눈높이에 맞는 똥이나 화장실을 주제로 흥미롭고 교육적인 내용을 전시하게 되었다.

박물관 학예팀에서는 아이들이 똥을 재미있어 하는 점을 이용하여 화장실을 올바르게 이용하는 방법, 화장실이라는 공용 공간을 주제로 타인에 대한 이해와 공감을 전시로 풀어냈다. 2020 가택신화 전시에서는 민간신앙과 뒷간귀신 설화를, 우주 화장실을 주제로 한 전시에서는 무중력 상황과 진보하는 기술에 대한 내용을 다루었다. 세부 주제는 다양하지만 전체를 꿰뚫는 요소는 역시 '똥'이다. 내용이 진부하거나 어려워도 일단 '똥' 이야기만 나오면 관람 온 아이들 대부분은 관심을 가진다. 수

해우재 시설　① 해우재 박물관, ② 박물관 내 상설전시관, ③ 화장실문화공원, ④ 해우재 문화센터 내 어린이 체험관.

년간 이 주제로 전시를 기획하면서도 필자는 아이들이 똥 이야기를 좋아한다는 전제에서 출발했지, 왜 이렇게 좋아하는지에 대해서는 주목한 적이 없었다. 대체 아이들은 왜 똥 이야기를 좋아할까?

2. 배설: 성장과 호기심

전시에 대한 호응도를 생각해보면, 아이들은 '똥' 그 자체가 직설적으로 나오는 콘텐츠에 반응이 높았다. 필자는 기본적으로 아이들이 정말로 똥을 누기 때문에 똥에 관심을 가진다고 생각한다.

한국형 영·유아 발달검사〈표 2〉의 흥미로운 점은 배변 단계와 사회화를 하나의 항목에 넣어 평가한다는 것이다. 배변 또한 근육 발달 및 조절의 숙련도와 관련 있는데, 이를 운동에 예속시키지 않고 타인과의 관계와 함께 배치한 것은 주목할 만하다. 생후 4개월이면 수의적 배설을 시작하고 똥을 인식할 수 있다고 한다. 아이 입장에서 똥은 의도하지 않았는데 자신이 만들고 자기 몸에서 내보낸 너무나 신기한 존재이지 않을까? 신기한 색, 물렁한 질감, 곡선의 모양, 따끈따끈한 온도와 냄새까지 모든 것이 흥미를 자극할 것이다. 배설은 아이의 발달 과정에서 성취해야 할 중요한 과업 중 하나다. 배설에 쓰이는 근육과 기관 역시 마찬가지다.[1] 신체적으로 자기가 할 수 있는 능력이 향상되고 주체성이 커지면서

---

1 안효섭 외, 『홍창의 소아과학』, 미래엔, 2012, 27쪽.

<표 2> 한국형 영·유아 발달검사(일부)

연령	조대운동 (Grosss motor)	미세운동 (Fine motor)	개인-사회성 (Personal-social)	언어 (Language)	인지-적응 (Cognitive-adaptive)
2년	난간을 붙잡고 계단을 오른다.	적목을 6개 쌓아 올린다.	용변이 마려우면 표현을 한다 (얼굴 표정 등).	그림 4개 중 2개의 이름을 말한다.	어른 행동을 모방 한다(전화놀이 등).
2년 6개월	난간을 잡지 않고 계단을 오른다.	기차 모양으로 적목을 배치한다.	낮 동안 소변을 가린다.	2개의 숫자를 따라 말한다(2~3, 5~8).	한 가지 색을 알고 말한다.
4년 8개월	한 발로 4초 동안 서 있다.	종이를 두 번 접을 수 있다.	용변을 보고 혼자 닦는다.	미래형 시제를 사용한다.	더 무거운 것을 가려낸다.

아이의 자율 욕구도 강해진다. 똥을 누고 본인이 직접 휴지로 닦는다거나 스스로 옷을 입겠다고 하는 등이다. 불만의 표시로 옷에 똥이나 오줌을 싸기도 한다. 또한 아이들은 주변에 지대한 호기심을 가지고 끊임없이 학습하고 성장하는데, 호기심의 대상 중 하나가 바로 똥이다.

3. 똥: 유희 혹은 소심한 복수

인간은 성장하면서 유달리 '똥'에 관심이 많은 시절이 있다. 스스로 화장실에 가고 배변 학습을 하는 시기에 똥에 대한 관심이 집중된다. 집에서 똥 이야기를 지어내고 방귀 소리를 반복해서 내던 아이들은 박물관에 널린 똥 콘텐츠와 여러 프로그램에 적극적으로 참여한다. 박물관 앞

해우재의 똥 조형물과 아이들

에는 똥덩어리 형태의 조형물이 있다. 그냥 똥 색깔에 똥 모양이 전부인 단순한 조형물인데 즐거워하는 아이들을 보면 '그냥 똥이 좋은가?'라는 생각도 든다. 누가 시키지도 않았는데 방귀 소리를 내기도 하고 조형물에 따개비처럼 붙어 있다.

아이에게 똥은 자신의 몸에서 나온 신기하고 관찰할 만한 가치가 있는 대상이다. 똥에 대한 선입견이 없는 아이들은 오늘 어떻게 생긴 똥을 누었는지 감추려 하기보다 뽐내듯 말하곤 한다. 똥은 긍정적인 호기심을 불러일으킨다. 똥이 좋다는 4~6세의 아이들에게 그 이유를 물어보았다. '똥을 눌 때 들리는 소리가 매번 달라서 재미있다', '더럽고 냄새나는 것이 웃기다', '똥이 중요한 역할을 해서 좋다', '똥 이야기를 할 때 사람들의 반응이 웃기다', '나도 만들 수 있어서 좋다' 등의 답변이 나왔다. 똥 자체가 재미있다거나 똥 이야기를 할 때 주변의 반응이 재미있다는 아이들이 다수를 차지했다. 이러한 반응은 아이들이 똥을 좋아하는 이유가 청각적 효과, 심리적 이유, 학습 등 다양하고 다각적임을 보여준다. 또한 세부 이유는 제각각이지만 그 바탕에는 똥이 놀이·유희와 연결되어 있음을 시사한다. 아이들에게 똥은 어른들이 생각하는 것처럼 더럽고 냄새나고 감춰야 할 부끄러운 것이 아니다. 아이들은 똥을 '재미', '통쾌함', '웃음', '친구', '웃긴 반응' 따위로 기억한다.

똥은 아이에게 유희적 존재다. 유희는 인간에게 내재되어 있는 욕구로, 목적을 가지고 있지 않아도 그 자체로 만족감을 준다. 생존과 관계없이 즐거움을 추구한다는 점에서 인간을 '호모 루덴스(Homo Ludens)',[2] 즉 유희하는 인간이라 칭하는 것과 맥을 같이한다. 철학자 조르주 바타유(Georges Bataille, 1897~1962) 또한 노동 지향적 사회에서 유희와 같은 비생산적인 에너지 소모가 중요한 역할을 한다고 했다. 생산적 활동을 목적에 둔 필수적 소비를 하고 남은 잉여 에너지를 소비하지 않으면 결국 이는 어떤 식으로든 표출되는데, 이때 전쟁·폭력·살상과 같이 큰 피해를 입히는 쪽으로 발산된다는 것이다. 유희는 즐겁게 노는 행위이고 재미를 주는 것으로, 생산성과는 거리가 먼 잉여적 활동이다.

아이에게 똥은 그대로도 재미있는 대상이자 똥에 관련된 놀이도 즐겁다. 박물관에 있으면 방귀 소리, 똥 누는 소리를 흉내내며 즐거워하는 아이들을 쉽게 볼 수 있다. 특히 똥 눌 때 나는 소리가 재미있다고 말하

---

2 요한 하위징아, 이종인 역, 『호모루덴스—놀이하는 인간』, 연암서가, 2019, 32쪽.

는 아이들이 많다. 똥을 눌 때 나는 소리, 방귀 소리 등은 말을 배우기 시작한 아이가 처음 경험하는 소리 중 하나다. 똥과 방귀는 정해진 소리를 똑같이 내지 않고 그때그때 다른 소리가 난다. 자신의 몸에서 나오는 이상한 소리들은 아이들의 호기심을 자아낸다. 아이들은 '음매음매', '엉금엉금'처럼 따라 하기 쉬운 발음과 음절이 리듬감 있게 반복되는 의성어나 의태어를 좋아한다.[3] 짧게 반복되는 소리가 인지하기 쉽기 때문이다. '뿌지직, 뿡, 뽕, 끙' 같은 방귀와 똥 누는 소리가 이에 해당한다. 의성어에는 어떠한 지시나 의미도 없다. 들리는 소리를 흉내낼 뿐이다. 방귀나 똥을 눌 때 나는 소리는 의미를 전달하는 목적에서 벗어나 있기에 목적을 찾으려 노력하며 에너지를 소모할 필요가 없다. 바타유적 사유에서 그 여백이 유희를 느낄 수 있는 공간이라고 생각한다. 방귀 소리의 원인은 주로 항문 괄약근의 진동 때문인데, 이는 아이가 어느 정도 성장하면 스스로 조절할 수 있다. 나의 의지대로 내 몸에서 만들어진 이 소리는 너무 재미있고 웃기다. 이렇듯 똥에 대해 느끼는 즐거운 감정에는, 각자 미묘하게 다르면서도 자신 또한 쉽게 따라 할 수 있는 웃긴 소리에 대한 호감이 포함되어 있는 게 아닐까?

'똥' 이야기는 한편으로 또래집단의 유대를 확인하는 소통의 수단이 되기도 한다. 똥이 좋은 이유를 물어보는 질문에 '더럽고 냄새나는 것이 웃기다', '사람들의 반응이 재미있다'라는 답변이 중복적으로 나왔다. 여기서 '더럽다'는 표현, 향기가 아닌 '냄새'라는 단어에 주목해야 한다. 아

---

3 서천석, 『그림책으로 읽는 아이들 마음』, 창비, 2015, 37쪽.

이들은 주변의 어른이나 또래로부터 이 단어를 학습했을 것이다. 똥은 '더럽다', 똥은 '냄새난다' 같은 표현은 어른의 심리다. 어른에게 똥은 추하고 더러운 것의 상징이다. 어른은 일상적으로 똥을 다른 단어로 바꾸어 말하고 터부로 여긴다. 아이에게 똥은 어른의 약한 부분을 들춰내는 존재다. 이 때문에 똥은 아이의 소심한 복수이자 반항의 아이콘이 될 수도 있다. 똥 이야기를 하고 똥 누는 소리를 흉내내면서 금기를 위반하는 것이다. 아이는 어른의 어쩔 줄 몰라 하는 반응, 어색하게 맞장구치는 모습에서 통쾌함을 느낀다.

아이들 또래문화에서 똥의 하위문화는 유치원 내 화장실이 아이들에게 어떤 역할을 하는지를 보면 더 명확해진다. 아이들의 사회생활이 주로 이루어지는 유치원에서 유아용 화장실은 자신들의 공간으로 간주된다. 유치원 내 화장실을 단순히 생리적 욕구를 해결하는 장소를 넘어 유일하게 교사로부터 방해받지 않으며 이용하는 집단의 공간으로 보는 논문이 다수 있다. 화장실에서 아이들은 신체적·심리적·사회적 욕구가 충족되는 경험을 한다.[4] 유아들은 화장실에서 이성의 신체적 차이에 대해 관심을 가지기도 하고 비밀 이야기를 주고받으며 교사를 떠나 자신들만의 약속을 새롭게 생성하기도 하는 공간으로 활용한다.[5]

쉽게 접하는 다양한 콘텐츠는 아이들이 똥을 재미있고 즐거운 대상

4 양시내, 「유치원 일과에서 유아가 경험하는 화장실 공간의 의미」, 전남대학교 석사 논문, 2007. 40쪽.

5 서연술, 「혼합연령(복식)학급 유아화장실의 숨겨진 이야기」, 전북대학교 석사논문, 2013, 7쪽.

으로 여길 수 있도록 유도한다. 박물관은 어린이 체험관을 만들어 아이들에게 화장실 사용법을 알려주고 똥을 이용하여 어떤 일을 할 수 있는지를 알려준다. 또한 매주 교육 프로그램을 제공하고 '황금똥 어린이 축제', '황금똥 그림대회' 등을 개최한다. 아이들이 흥미를 느끼는 놀이와 만들기 수업에 '똥'이라는 콘텐츠를 넣은 것이다. '해우재 일요 시네마' 프로그램을 통해서는 직접적으로 똥이 얼마나 쓸모 있는 존재인지를 영상으로 보여준다.

여러 콘텐츠에서 빠지지 않고 등장하는 것이 똥의 가치이다. 이런 내용을 담은 콘텐츠는 시중에서도 어렵지 않게 발견할 수 있다. 몸 밖으로 버려진 똥은 거름·연료·종이의 재료로 다시 사용된다는, 보잘것없지만 값진 똥 이야기를 들으면서 아이들은 똥을 긍정적인 것으로 인식하고 똥을 주제로 만들어진 재미있는 콘텐츠를 접하면서 즐거운 시간을 보낸다.

아이들이 똥을 좋아하는 이유는 복합적이다. 똥은 성장 단계에서 자연스럽게 관심을 가지는 대상이 되고, 또래집단 사이에서 유대를 돈독히 해주는 매개체가 된다. 게다가 아이들의 눈높이에 맞춘 다양한 교육과 놀이 콘텐츠에 빈번히 노출되니 똥에 대해 관심과 긍정적 인식이 증가하는 것이다.

4. 똥 전시: 미래를 위한 교훈과 즐거움

앞서 말했듯 박물관에서는 똥과 화장실을 예술과 결합한 전시, 교육,

해우재의 여러 프로그램

(1) 교육 프로그램 변기 화분 만들기, 화장실 만들기

(2) 일요 똥 시네마

(3) 어린이날 행사

이벤트가 끊임없이 진행된다. 어린 시절에는 똥을 재미있는 대상으로 여긴다. 아이들의 놀이 한가운데에 똥이 위치할 때도 있다. 해우재에서 필자의 첫 프로젝트는 '기똥찬 몸속 여행'으로, 어린이들이 먹은 음식이나 과자가 몸속에서 소화되는 과정을 체험하는 전시였다. 몸속으로 여행을 떠난다는 주제에 맞춰 책자도 여권처럼 만들었다. 아이들이 몸속으로 입국하고 출국할 때 스탬프를 찍고 중간에는 직접 빈칸을 채울 수 있도록 하는 등 활동 요소를 첨부하였다. 음식을 먹으면 똥이 되어 나오고, 먹은 음식이 무엇이냐에 따라 똥의 모양도 다양하다는 단순한 내용을 담은 전

2016 기획 전시 〈기똥찬 몸속 여행〉 리플릿 중 일부

시였지만, 관람한 아이들은 아주 흥미로워했다.

2017년에는 성인을 위한 공간이었던 화장실문화운동 상설전시관을
어린이를 위한 상설전시관으로 리모델링하는 작업이 이루어졌다. 이는
2016년 실행되었던 박물관 관람객 조사 후 이루어진 조치였다. 두 달 동
안 이루어졌던 박물관 관람객 조사에서 참여자의 85% 이상이 아이들을
위한 콘텐츠와 교육 프로그램이 더 많아지기를 희망한다고 답하였다.

리모델링된 상설전시관은 화장실의 역사와 화장실의 과학을 주제로
두 개의 파트로 이뤄졌다. 역사 파트에서는 화장실의 탄생부터 현대식
화장실까지의 변천 과정과 동서양의 화장실 문화, 전통 화장실의 원리
등을 소개한다. 과학 파트에는 화장실에서 사용되는 과학 원리와 오수의
정화 방법, 똥과 오줌을 에너지로 활용하는 방안 등에 대하여 전시했다.

리모델링 후 상설전시관 화장실의 역사와 화장실의 과학을 주제로 꾸며졌다.

상설전시관은 2017년 이래로 해마다 연간 주제를 정하여 1년 동안의 전시와 교육, 세미나, 이벤트 등을 운영한다. 이는 '똥 박물관'의 정체성을 좀 더 뚜렷하게 하고, 똥과 화장실에 관한 여러 가지 이야기를 주제별로 한층 재미있고 깊게 풀어나가기 위함이다.

똥과 화장실, 주제는 단 두 개뿐이지만 여기에 예술과 문화, 역사, 과학 등의 관점을 접목하면 얘깃거리는 무궁무진하다. 똥이라는 소재를 좋아하고 재미있어 찾아오는 아이들에게 여러 가지 이야기를 들려주는 곳, 언제든 또 가고 싶은 박물관을 해우재는 희망한다. 박물관은 고정되고 완성된 결말의 공간이 아니라 늘 관람객에게 맞추어 변화하는 곳이다. 그렇기에 똥 박물관 해우재의 현재 모습은 똥을 좋아하는 아이들은 물

연도	연간 주제	기획 전시
2017	친환경 자원과 예술의 융합	● 똥아 지구를 부탁해! 코끼리 똥의 변신, 재활용 ● 화장실에서 예술가를 만나다! 지속 가능한 예술
2018	창조	● 뚝딱뚝딱 쿵쿵쿵! 나도 화장실 건축가 ● 화장실에서 예술가를 만나다! 응가하는 백곰
2019	해우소	● 한국의 뒷간 설화 ● 해우소: 걱정과 근심을 더는 장소
2020	인류세 – Anthropocene	● 똥 장수 심깨똥 ● SPACE X TOILET
2021	바이러스, 위생, 문명	● 거품, 우리 손의 하루 ● UNTACT 미디어아트전

론, 똥에 관해 다른 생각을 가진 어른들과 눈높이를 맞추고 소통한 결과라 하겠다. 사실 '아이들은 왜 똥을 좋아할까?' 궁금한 어른들이라면, '어른들은 왜 똥을 싫어할까?'라는 어린이의 들리지 않는 물음에 먼저 답해야 한다. 요컨대 우리는 어쩌다 똥에 관한 생각이 나이가 들면서 바뀌게 된 것일까를 곰곰이 궁리해볼 필요가 있다. 똥을 좋아하는 '어린' 시민들이 '어른' 시민이 되어서도 똥과 배설, 화장실에 관해 생태적이고 순환적으로 사고할 수 있도록 응원하는 해우재를 지향하는 이유가 여기에 있다.◉

8장 ┃ 행성적 차원에서 인간의 배설과 순환을 생각하기

1. SF로 사고실험하기: 똥오줌을 순환시키는 '스틸슈트'

어떤 문제에 접근할 때 SF적 사고실험은 매우 유용하다. 해당 문제 설정뿐 아니라 그와 관련된 시스템과 구조에 대해 통찰할 기회를 주기 때문이다. 현재의 시점에서 보이지 않던 것들이 SF적 실험을 통해 미래를 예측할 수 있고 낯설게 보기가 가능해진다.

인간의 배설과 관련해 가장 급진적인 상상력을 담은 SF 속 장치는 프랭크 허버트(Frank Herbert)의 소설 『듄』에 나오는 프레멘의 사막복 '스틸슈트(Still Suit)'일 것이다. 이 사막복을 입은 자들의 모든 배설물은 내부에서 정화되어 수분으로 전환된다. 착용자는 튜브를 통해 이를 다시 먹을 수 있다. 프레멘은 물 한 방울 없는 사막 행성인 아라키스에 살고 있는 원주민들이다. 스틸슈트는 단 한 방울의 물을 얻기 위해서라면 기꺼이 살인도 감행할 수 있는 프레멘의 가혹한 상황을 드러내는 장치다. 동시에 아라키스라는 행성에 비가 전혀 내리지 않는다는 사실로 그들이 살고 있는 세계의 물질대사 순환이 엉망이 되었다는 것도 드러낸다.

그들은 적은 물론 자신들의 동료가 죽었을 때도 신체를 짜내어 물을 얻는다. 아주 가끔 물을 낭비할 때가 있는데 낯선 사람을 환영할 때다. 당신을 위해 흔쾌히 내 수분을 내놓겠다는 뜻으로 상대방에게 침을 뱉는다. 행성을 처음 방문한 자들은 이 같은 행위에 무례하다고 느끼지만 행성에서 잠시나마 살아보면 그 호의를 느낄 수 있다. 드니 빌뇌브(Denis Villeneuve) 감독이 연출한 영화 〈듄: 파트 1〉(2021)에서는, 아버지의 죽음 이후 통곡을 하며 사막 한가운데서 밤을 보낸 주인공 폴 아트레이드

『듄』속 등장인물   거니 할렉이 입은 스틸슈트에 대한 상상의 이미지. 일러스트레이터 나단 바이랜드(Nathan Vieland)의 작품. 출처: https://www.instagram.com/vielandart/?hl=ko

와 어머니 제시카가 밤새 흘린 눈물을 정화된 물로 만들어주는 생존텐트도 등장한다. 폴은 제시카에게 정화된 물을 건네며 말한다. "우리의 땀과 눈물이에요." 자신의 심적 고통의 결과물을 다시 마시는 이러한 행위를 통해 그들은 가혹한 환경을 이겨낸다. 아라키스에서 물은 귀중한 자원을 넘어 종교적 숭배물의 지위를 획득한다.

아티스트 마크 드 바커(Mark de Bakker)는 스틸슈트의 초기 원시적 버전을 만들었다. 『듄』에 설정된 시간으로부터 1만 년 전에는 스틸슈트

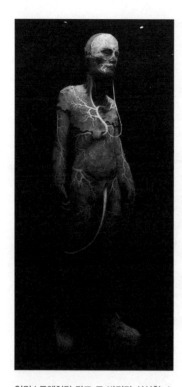

일러스트레이터 마크 드 바커가 상상한 스틸슈트의 원시적 버전 이미지
출처: https://www.artstation.com/artwork/58yG0O

가 어떤 모습이었을까를 상상한 그림으로, 그것은 의복 형태의 착용 가능한 기계적 장치로 발달하기 이전에 어쩔 수 없이 행해야 했던 몸에 대한 성형수술로 보인다. 호스처럼 연결된 외부적인 장기를 통해 심장을 비롯한 각종 장기, 항문, 성기가 입과 연결된다. 인간의 몸이 물에 대한 자가순환적 목적을 위해 인위적인 진화를 이룬 것이다.

『듄』의 세계관에서 아라키스는 그야말로 물의 낭비 없는 재순환이 극단적으로 실험되는 곳으로 보인다. 스틸슈트는 그것을 착용한 자의 항문과 입을 연결하는 극단적인 기계장치라고도 할 수 있다. 이 지점에서 들뢰즈와 가타리가 『안티 오이디푸스』에서 주장한 기계론이 연상된다. 젖가슴은 젖을 생산하는 기계이고 아기의 입은 이 기계에 연동된 또 다른 기계라고 주장하는 들뢰즈의 기계론적 사고방식은 우리가 흔히 말하는 동력 장치로서의 기계(machine)를 뜻하지 않으며, 자신의 고유한 기능과 욕망을 가진, 모든 작동하는 객체가 기계라고 간주한다. 이러한 관점은 '연합하고 자유롭게 배치될 수 있는 단위'로서 '기계'들의 자유로운 배치의 상상력을 유도한다. 보통의 상식으로 항문과 입이 연결될 가능성은 없지만 프레멘의 스틸슈트는 연합시킨다. 스틸슈트의 아이디어는 천진하면서 자유로운 상상력의 결과물일까, 아니면 절박함 끝에 어쩔 수 없이 끌어낸 극한의 아이디어일까?

2. 순환하지 못하는 세계의 사막화

스틸슈트 아이디어는 현실에 영감을 주어 새로운 발상을 이끌기도 한다. UC 버클리의 물 전문가이자 『Water 4.0』의 저자 데이비드 세들랙 (David Sedlak)은 도시에서 빗물이나 가정의 하수로 버려지는 폐수를 식수로 재활용하기 위해 도시 버전의 스틸슈트를 개발해야 한다고 말한다. 아라키스의 가혹한 환경에서 프레멘의 특수장비였던 상상 속 스틸슈트는 이제 현대 도시가 착용해야 할 거대한 시스템 보철물의 은유가 된 것이다.

세들랙은, 역삼투막이라는 물질을 통해 물을 통과시키고 여기에 소량의 과산화수소를 첨가한 뒤 자외선에 노출시키면 캘리포니아주 오렌지 카운티의 엔지니어들이 25년 넘게 쓸모없는 폐수로 여겼던 더러운 하수를 음용수로 바꿀 수 있다고 말한다. 나아가 방치된 물 인프라에 투자하고 대규모 중앙처리장을 더 분산된 자동화 공장으로 교체함으로써 우리의 가장 소중한 자원을 최대한 활용하는 방향으로 상상력을 돌려야 한다고 주장한다. 그 이유는 점차 심해지는 물 부족 사태와 급격한 기후변화에 대응하기 위해서다. 그는 우리의 행성 지구가 아라키스처럼 변해가고 있다고 믿는 것 같다.

소설 『듄』에서 스틸슈트는 사막이 되어버린 아라키스에 대응하는 프레멘의 처절한 노력을 대변한다. 사실 프레멘들은 작은 물방울조차 끝없이 순환하게 만드는 기술을 연구할 수 있는 집단이다. 그런 그들이 아라키스에 비를 내리게 할 수 없어 행성적 차원에서 물이라는 물질을 순환시키지 못하는 게 아니었다. 그들은 이미 생태연구소를 설립하여 아라키스의 대대적인 물 순환 계획을 추진하고 있었다. 하지만 스파이스라는 전 우주적 환각 물질이 그들의 모래사막에서 발견되면서 우주 황제를 비롯해 모든 상인과 가문들은 아라키스의 사막화를 가속화하기로 결정한다. 이는 매우 풍자적인 이야기로 읽힌다. 우리의 현실에도 여전히 진행 중인 아랄해의 비극을 꼭 닮아 있기 때문이다.

아랄해는 카스피해의 동쪽, 중앙아시아의 염호였다. 우즈베키스탄 북부와 카자흐스탄 남부에 위치한 세계 4위 규모의 거대 호수였다. 구소련 시기였던 1950~1960년대 아무다리야강과 시르다리야강의 물을 농업 용도로 전용하기 위해 카라쿰 운하라는 새 수로를 만들면서 아랄해는 고갈되기 시작했다.

기존에 아랄해로 흐르던 물을 이 운하로 물길을 돌리면서 1956년부터 1986년까지 약 225km³라는 엄청난 양의 강물이 아랄해로 유입되지 못했다. 그러자 염도가 세 배 이상 높아지고 수량이 70% 이상 감소했으며 그곳에 살던 토착 어종이 사라졌다. 인간의 욕망과 자본의 흐름이 만들어낸 사막화라는 점에서 아랄해의 사막화와 아라키스의 사막화는 공

아랄해의 비극 한때 고기잡이배가 활발히 드나들던 아랄해는 이제 사막이 되었다. 사진작가 아리안 츠위거스(Arian Zwegers)의 작품.

통점을 지닌다. 인간이 자연을 착취할 뿐 아니라 아랄해 근처의 기후와 생태계까지 모두 바꾸어버렸다. 사막이라는 가혹한 기후는 단지 자연의 변덕이 아니라 우리 스스로 만들어낸 괴물 같은 자연의 되받아치기인 것이다. 프랭크 허버트는 작가 후기에서 『듄』은 생태소설이 되었어야 한다고 진술한 바 있다. 이 거대한 서사가 중세풍 스페이스 오페라 이전에 자연과 인간의 관계에 대한 풍자를 담고 있음을 보여주는 대목이다. 인류세는 인간과 지구 사이의 물질대사 균형이 무너지거나 변형된 구간을 지칭하는 개념이다. 이는 합의된 지질학적 개념이라기보다는 탈인간 중심적 사고방식의 인문학적 프레임으로 작동하는 반성적 성찰의 개념이다.

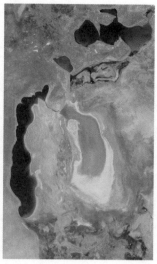

아랄해의 사막화를 극명히 보여주는 위성사진　왼쪽은 1989년, 오른쪽은 2008년. 검은 부분이 호수이다. 출처: https://en.wikipedia.org/wiki/Aral_Sea

『듄』을 인류세 시대의 리얼리즘이라는 관점으로 읽어도 좋을 것 같다.

　지금 세계는 단지 물의 순환만 엉망이 된 게 아니다. 농사에 사용되는 인공비료만 해도 우리가 상상할 수 없는 영향을 미치고 있다. 인공비료를 사용한다는 것은 광대한 양의 질소와 인을 생태계에 주입하는 것과 같다. 실제로 매년 약 1억 2,000만 톤의 질소비료와 2,000만 톤의 인 기반 비료가 농업에 사용되어 땅에 뿌려지고 있다. 질소와 인이 자연적으로 발생하는 것보다 엄청나게 많은 양을 생물권에 흘러 들어가게 한 것이다. 농지에서 생긴 유출수는 대개 많은 양의 비료를 강과 개울로 운반하여 결국 바다로 유출한다. 이 비료 유출이 해양생태계를 파괴한다. 반면 인간과 가축들의 배설물이 퇴비화되어 자연적으로 얻을 수 있는 질소와 인은 제대로 사용되지 못하고 격리되며 버려진다. 즉, 너무 많이 자연으로부터 착취하면서 이미 있는 재활용 자원은 그대로 자연계의 순환 벨트에서 탈구시켜버린다. 우리 행성 지구는 아라키스가 되어가고 있다. 지구적 차원의 스틸슈트는 발명이 불가능한 것일까?

3. 차폐의 테크놀로지에서 순환의 테크놀로지로

개별적이고 개인적인 보호장치에 의지해 거대 시스템의 위험을 막아보려 한다는 점에서 스틸슈트는 오늘날 테크놀로지의 성격을 쏙 빼다 닮았다. 오늘날 테크놀로지는 우리 자신의 당면한 문제만을 해결하고 그 외의 문제 인식을 차폐시키는 위험을 가지고 있다. 예를 들어 도시 열섬 현상의 근원에는 건물의 냉난방, 공장 가동, 자동차 운행 등으로 발생한 폐열이 있다. 이는 에너지를 사용해 가동되는 도시의 수많은 시스템과 연결된 자본의 흐름, 잠을 자지 않고 노동하며 유희하는 현대인의 욕망의 결과물이다. 그런데 우리는 이러한 구조적인 문제를 들여다보고 해결하기보다는 더 좋은 에어컨을 개발하고 설치하는 데 몰두한다. 물론 도시의 열섬 현상은 더욱 가속화된다. 테크놀로지는 구조적인 문제를 해결하기보다 개별적인 장애나 어려움을 해결해주는 쪽으로 발달할 뿐이며 이러한 역량까지가 테크놀로지의 몫인 것처럼 한정한다. 마치 나머지 문제는 사회적 문제 혹은 윤리적 문제라고 생각하는 것이다. 물론 이 방식으로도 해결할 생각은 여전히 없으면서 말이다.

슬라보예 지젝은 『환상의 돌림병(The Plague of Fantasies)』에서 진담인지 농담인지 모를 화장실 분석을 한 적 있다. 즉, 프랑스 변기는 용변을 보자마자 스위치를 누를 필요도 없이 신속하게 구멍으로 빠져나가기에 혁명적이다, 독일 변기는 물도 없는 변기에 변이 빠져나가지 않고 그대로 있어 냄새가 지독해 성찰과 반성을 하게 만들지만 관념적이다, 미국 변기는 물 위에 둥둥 떠 있고 스위치를 누르면 신속히 내려가기에 실용적이라는 것이다.

절반은 농인 이 말은 우리의 형이하학적 경험이 실은 형이상학적 구상과 긴밀한 관계를 맺는다는 이야기로 해석할 수 있다. 나아가 우리가 배치한 기계 시스템이 곧 우리의 사고 구조라는 또 다른 진실을 드러낸다. 스스로 어떤 시스템에 예속되어 있는지 생각해보아야 한다. 똥을 누는 순간에도 내가 앉아 있는 변기의 디자인, 그와 관련된 시스템은 우리로 하여금 특정한 생각에 포획되도록 만들고 있는 것이다. 사물들이 무엇에 기여하고 행하는지, 그것이 어떤 형이상학을 강요하는지, 혹은 사물들의 일방적인 배치가 어떤 권력을 낳는지 고민할 필요가 있다.

지젝의 농담을 응용해보자. 배설물을 대량의 물을 통해 쓸어 내려보내는 현재의 수세식 변기 시스템은 각종 질병으로부터 시민을 보호하고 있다는 점에서 장점이 있지만, 또 한편의 귀중한 자원이 될 수 있는 배설물과 물을 손쉽게 내버리기 때문에 자기 자신의 영역 밖으로는 생각의 끈을 연결할 수 없도록 만든다. 이는 나의 항문에서 나오는 것이 결과적으로는 우리의 입에 닿을 수 있다는 상상 자체를 불허하고 거부하게 만든다. 나아가 사회적으로 배설물로 은유되는 모든 것들은 터부가 된다. 배설은 개인의 문제가 아니라 하나의 시스템과 권력의 문제이며, 우리 집 안의 변기가 아니라 변기와 연결된 수많은 기계들의 문제임을 감각할 필요가 있다. 지금 인간의 테크놀로지는 오로지 자기 집 안을 다스리는 데만 활용되고 있다.

우리의 항문은 입과 궁극적으로 맞닿아 있다. 우리가 버리는 플라스틱 쓰레기가 미세플라스틱 입자가 되어 물고기의 입으로 들어가고, 이는 다시 우리의 입으로 돌아온다. 문제는 우리의 항문과 입이 연결되고 있다는 사실 자체를 깨닫고 어떤 기계들의 배치로 다시 선순환시킬 것인가이다. 현재의 시스템에서도 물은 여전히 순환되고 있다. 정화조와 하수도, 약품 처리, 강으로 이어지는 기계적 배치는 도시 물질순환의 일부다. 단, 효율이 좋지 않고 좀 더 긴 사이클의 순환을 염두에 두지 않은, 그저 자연이 되받아주길 바라는 방식으로 디자인되어 있는 것이다.

우리는 화장실과 배설물 관리가 시민들의 삶을 어떻게 바꾸는지에 대해 질문을 던질 수 있어야 한다. 이 작은 변화로부터 특정한 사회적 관계가 재설정되며, 나아가 배출되고 버려지는 모든 존재에 대한 사회적 은유마저 바꾼다. 수세식 화장실을 사용하는 사회와 야외 변소, 집단 변소, 적정기술 변소 등을 사용하는 사회 간 차이는 무엇인가? 단지 기술적인 것이 아니라 정치적인 문제이기도 하다. 전치형은 『호흡공동체』라는 책을 통해 에어컨과 공기청정기라는 기계 안에 담긴 이데올로기를 계급적인 관점에서 분석한다. 이러한 기계를 갖지 못한 가난한 자들의 절멸이 가속화되기 때문이다. 이어 이들 기계는 인류세가 야기한 전 지구적 문제를 직시하지 못하게 만드는 근시안적인 차폐의 테크놀로지라 논평하고, 이에 응전하기 위해 호흡공동체라는 개념을 설정한다. 마찬가지로 우리는 오늘날 '배설공동체'라는 관점을 가져야 한다. 뜨겁고 더러운 공기뿐 아니라 모자라고 더러운 물도 큰 문제로 떠오르고 있기 때문이다. 『듄』의 세계관에서 물의 행성적 순환을 맡는 것은 결국 스파이스라는 물질을 둘러싼 자본의 흐름이다. 이에 저항할 수 있는 시민사회의 담론과 전 지구적 차원의 스틸슈트 시스템의 개발이 필요하다. 한마디로 시민사회 공동성을 위한 변기는 어떻게 가능할지를 질문할 타이밍인 것이다.

토론토의 'GREEN BIN 프로젝트'는 아기 똥과 반려동물 똥 등을 생분해 가능한 기저귀를 통해 수거하고 퇴비로 만드는 분리수거 프로젝트다. 물을 사용하지 않고 도시 내 자원으로 재생하고자 하는 제도이자 기술인 것이다. 어쩌면 우리는 그동안 내 가정과 몸만 관리하는 차폐의 테크놀로지만 상상했기 때문에 이러한 해법을 구상조차 못하고 있었는지도 모른다. 인간은 자연을 파괴하는 존재가 아니라 자연-기계를 새롭게 만드는 존재가 되어야 한다. '석유→플라스틱→바다→미세플라스틱→바다생물→인간'으로 이어지는 사이클보다는 '농작물→인간→똥→퇴비→농작물→인간'으로 이어지는 사이클이 더 장려되고 상상되어야 한다. 우리가 싼 것은 언제나 우리의 입으로 들어온다.

기술철학자 질베르 시몽동(Gilbert Simondon)은 인간과 기술적 대상의 앙상블은 엔트로피를 증가시키면서 동시에 새로운 네겐트로피를 발생시키는 방향으로 진화해야 한다고 주장한다. 쉽게 말하면 인간이 기계와의 관계 속에서 자연의 에너지를 낭비하고 무질서화하지만, 동시에 그

안에서 새로운 질서와 규칙을 마련하여 새로운 잠재성을 끌어낸다는 말
이다. 테크놀로지는 에너지 낭비와 환경오염의 위험을 눈막음할 것이 아
니라 재사용되는 에너지의 흐름과 오염물질의 최소화를 통한 동거를 꾀
하는 데 사용되어야 한다. 우리는 금욕보다는 새로운 발명을 해야 한다.
사막화가 오기 전에 전 지구적 차원에서 배설물의 순환성에 대해 논의할
때다. 스틸슈트의 상상력은 개인을 넘어 공동체로, 인간을 넘어 지구 전
체 시스템으로 전개되어야 한다. 우리 행성이 아라키스가 될 수는 없지
않은가.◉

'쌍둥이 위기'와 사이언스월든의 기획*

1. 팬데믹, 기후위기, 빈곤

당신들은 자녀를 가장 사랑한다 말하지만, 기후 변화를 방치함으로써 자
녀들의 미래를 도둑질하고 있다.

스웨덴의 17세 소녀 그레타 툰베리(Greta Thunberg)는 2018년 유엔
연설에서 이렇게 외쳤다. 그의 외침은 많은 사람들의 마음을 움직였지

---

* 이 책은 UNIST 사이언스월든팀(책임자 조재원 교수)의 한 분과인 인문사회팀(한만
수·유병선·오영진·김선화·이명진)에서 진행한 각종 학술행사의 성과물 중 일부를
추려 다듬은 것이며, 이 글은 사이언스월든의 기획에 대해서 간략하게 설명한다. 헨
리 데이비드 소로(Henry David Thoreau)의 『월든』과 '과학'을 결합한 팀 이름만 보아
도 짐작할 수 있듯이, 사이언스월든은 과학과 생태의 재결합을 통해 모든 인간과 생
명이 화해롭게 공존할 수 있는 세계를 꿈꾼다. 똥을 생태적으로 재처리하여 생태 부
담을 극소화하고(비비 화장실), 그 과정에서 산출되는 가치를 똥을 만들어낸 모든 이
에게 되돌려주자는(똥본위화폐) 것이다. 생태화장실에 대해서는 조재원·장성익 공저,
『이것은 변기가 아닙니다』(개마고원, 2021)를, 똥본위화폐에 대해서는 불교닷컴(www.
bulkyo21.com)에 연재된 조재원의 칼럼 「똥본위화폐」를 참조.

만, 정작 현실 권력을 가진 자들은 의미 있는 조치를 취하지 않았다.

코로나19 팬데믹 상황에서의 대응 역시 비슷하다. 초기에는 생태위기를 자초한 인류문명에 대해 근본적인 성찰이 요구되는 등 환경과 생태에 관심이 컸지만, 이제는 코로나19의 '극복'과 경제회복에 대한 이야기만 무성하다. 그사이에 지구온난화는 더욱 악화되었고, 과학자들은 이 상태로 가면 2021~2040년 사이에 지구 온도가 마지노선인 1.5℃ 상승할 것이라고 예측한다. 이는 3년 전의 예측보다 10년 정도 앞당겨진 것으로, 기후위기가 목전에 다다랐음을 의미한다. 기후위기나 팬데믹은 모두 생태위기임에도 불구하고 팬데믹에 가려 의미 있는 대응은 보이지 않는다.

그뿐인가. 인류는 빈부의 양극화라는 경제위기에도 직면해 있다. 툰베리와 달리 당장 아침 끼니 구하기에도 급급한 빈곤국의 아이들에게 기후위기는 너무 먼 얘기일 수 있다. 팬데믹 때문에 일자리를 잃은 사람들 역시 비슷한 상황이다. 국제 비영리단체 '기아대응행동(Action Against Hunger)'에 따르면, 2021년 6월 현재 지구촌에서 8억 1,100만 명이 굶주리고 있다. 이미 한 해 전인 2020년에 기후위기와 코로나19 팬데믹으로 기아 인구가 1억 6,100만 명이나 늘어났다. 세계 인구 10명 가운데 1명쯤이 절망 속에서 온몸으로 고통을 겪어내고 있는 것이다. 굶주림의 고통은 코로나 방역의 요란함에 가려져 있다. 질병의 재난이 굶주림의 재난을 덮어버려 보이지 않게 만드는 꼴이다.

오늘날의 생태위기와 빈부 양극화를 초래한 세계체계는 파국으로 치닫고 있지만, 성찰은 겉돌고 대응은 표피적이다. 생태위기와 빈부 양극화라는 '쌍둥이 위기'를 부른 원죄는 경제성장지상주의에 있다. 이에 대한 근본적 성찰 없이는 발본적 의미에서의 '코로나 극복'이란 불가능하다. 경제성장에 매달리는 한 경제의 '회복'은 기후위기를 가속화할 것이고, 코로나19가 종식되더라도 또 다른 팬데믹이 불가피할 것이며, 빈부양극화의 골 역시 더 깊어질 수밖에 없을 것이다. 지금 인류는 끝없이 발버둥치지만, 그 때문에 오히려 더 수렁 속으로 빠져들고 있는 형국이다.

2. 똥, 자본, 과학기술의 결합: 사이언스월든의 응답

그렇다면 이 '쌍둥이 위기'에 어떻게 대응할 것인가. 사이언스월든팀은 그 실마리를 '똥'에서 찾고자 했고, 과학과 생태, 똥과 돈의 융합을 실험했다. 우선 현재의 똥 처리 시스템에 주목했다. 똥을 수세식 변기로 흘려버림으로써 자원을 낭비하고 환경을 오염하는, 이른바 '수세식 화장실 시스템' 말이다. 똥을 과학적으로 발효시켜 에너지(메탄가스와 전기)를 생산하고, 거름으로 자원화하는 새로운 똥 처리 시스템을 설계했다.

물론 여기까지는 이미 알려진 제안들이지만, 사이언스월든은 핵심적인 한 걸음을 더 나아간다. 똥을 쓸모 있게 활용한 가치를 환산해 똥을 생산한 개인에게 일종의 기본소득처럼 되돌려주겠다는 상상력, 이것이 그 핵심이다. 한마디로 '똥 누는 자, 분배 받을 권리 있다'는 발상이다. 똥을 쓰레기가 아닌 자원과 소득으로 되돌릴 수 있다면, 똥에 대한 과잉된 부정적 인식이 변화되고 환경침탈적 문명이나 빈부격차 역시 조금은 완화될 것이다. 또한 우리 모두가 '(먹은 뒤엔 똥을) 누어야 살 수 있는' 존재라는 인식이 확산된다면, 계급·성별·인종 등을 넘어선 인간의 평등성(인권)을 아침마다 화장실에서 확인할 수 있게 될 터이다. 빌 게이츠도, 워런 버핏도, 서울역의 노숙자도 하루 한 번씩 '누는 자'라는 점에서는 평등하지 않은가. '똥 앞의 생명평등'이다.

돌이켜보면 오늘날의 이 '쌍둥이 위기'는 인류 공동의 자산인 과학과 기술을 자본과 국가가 독점적으로 포섭하면서 시작되었다. 하지만 과학기술은 원론적으로는 가치중립적이며, 따라서 인류의 공공복지에 기여하도록 활용할 수도 있다. 환경위기의 원인을 하나둘 밝혀가고 있는 일 역시 (독립)과학자들의 노력에 주로 힘입고 있으며, Q드럼, 라이프 스트로(LifeStraw) 등 적정기술의 사례는 빈곤층의 삶을 변화시킬 수 있는 기술의 힘을 보여준다.

물론 과학은 환경위기의 원인만 밝혀가고 있을 뿐 그 해결은 멀고도 멀며 적정기술의 가능성 또한 매우 제한적이다. 그러니 코로나19를 어찌어찌 '극복'한다 해도 또 다른 팬데믹은 다가올 것이며, 기후위기도 심화될 것이다. 초국적 자본들이 막대한 이윤을 축적하는 동안 한편에선 많은 이들이 죽음으로 내몰릴 것이다. 인류의 공동자산인 과학이 세계 대다수 인구의 빈곤화와 지구생태의 파괴에 기여하는 아이러니에서 벗어나려면, 이 강력한 역능을 문명적 위기의 돌파에 활용할 수 있도록 해야 마땅하다. 이 '거대한 전환'은 어떻게 가능할까.

사이언스월든은 그 전환의 가능성을 똥에서 시작하여 돈으로 확장했다. 똥을 돈으로 만드는 새로운 화폐의 비전을 제시한 것이다. 자본주의는 생산력의 비약적 증대를 통해 인류사상 초유의 물질적 풍요를 가능케 했지만, 그와 동시에 오늘날 '쌍둥이 위기'의 주범이기도 하다. 자본주의가 촉발한 생산지상주의와 무한경쟁은 결국 인간을 생명의 파국으로 치닫게 만들었다. 이에 사이언스월든은 새로운 화장실 시스템으로 '비비(BeeVi)변기'와 새로운 돈으로 '똥본위화폐(feces Standard Money, fSM)'를 창안했다.

3. 비비 화장실, 똥본위화폐, 똥의 값

우리는 거의 매일 수세식 변기에 똥을 눈다. 물론 수세식 변기는 편리하고 위생적이다. 하지만 수세식 화장실 시스템은 똥이라는 귀중한 자원을 쓰레기로 처리하며 강과 바다를 오염시킨다. 게다가 똥을 눌 때마다 물값, 전기료, 분뇨처리비 등을 물어야 한다. 이에 수세식 변기의 편리와 위생을 포기하지 않으면서도, 과학과 기술을 접목해 똥을 자원으로 바꾸는 '첨단기술의 생태적 변기'로 제안한 것이 사이언스월든의 '비비변기'이다. 그리고 똥을 과학적으로 재처리하여 자원으로 활용하고 생태적 순환에 기여한 결과로 생겨나는 가치를 똥을 누는 모든 이들에게 나누는 돈이 '똥본위화폐'이다. 비비변기는 꿀벌(Bee)이 세상을 위해 여러 역할을 하듯 똥을 가치 있는 물질로 바꾸는 비전(Vision)을 가진다는 의미로 작명됐다. 똥본위화폐에서 본위로서의 '똥'은 실물인 똥과 누어야 사는 존재로서의 생명을 중의적으로 가리킨다. 비비변기로 새로운 화장실을, 똥본위화폐로 새로운 돈을 상상하는 것이다.

물론 똥을 재처리하여 자원으로 돌린다 해도 '똥의 값'은 현재의 시장가격으로 환산한다면 큰돈이 아니다. 현재 한국에서 한 사람이 하루에 배출하는 똥을 자원으로 환산하면 1똥/1인의 가치는 약 500원 정도로 평가된다. 똥의 순환을 통해 모범적으로 자원화하고 있는 독일 윤데(Jühnde)마을의 경우도 1똥/1인의 가치는 우리 돈으로 약 3,000원 정도에 그친다. 독일의 수도료와 전기료가 한국보다 4~6배 비싸고, 특히 윤데마을에서는 축산 분뇨를 인분과 함께 처리하여 경제성이 훨씬 높은 데도 그렇다. 현재 시장가격의 인색한 계산법대로라면 우리나라에서 한 사람이 똥을 누고 받을 수 있는 돈은 한 달에 약 1만 5,000원이 될 것이다. 말 그대로 '똥값'이라 하겠다.

하지만 똥이 '똥값'으로 평가되는 것은 똥을 거래하는 더 좋은 방법을 알지 못하는 현재의 시장을 불변적인 것으로 간주하여 산출할 때 그렇다. 시장에서 똥의 가치는 돈으로 거래될 수 있는 것만 고려하는, 소위 '수요공급의 법칙'으로 측정될 뿐이다. 사회적·문화적·심리적·생태적 가치, 그러니까 현재의 시장에서 돈으로 환산할 수 없는 가치는 평가되지 않거나 오히려 부정적 평가의 대상이 된다. 하지만 사회·문화·심리·생태처럼 인간에게 핵심적으로 중요한 가치들을 제대로 평가하지 못하는 현재의 경제시장 시스템이 오히려 문제 아닐까. 만일 이런 가치들을 제대로 평가한다면, 사정은 많이 달라질 것이다. 특히 정부가 태양광이나 다른 대안적 에너지원과 비슷하게 보조금을 지급하게 된다면 시장성과 소득분배 효과 역시 훨씬 높아질 것이다. 태양광 발전소 설치에는 돈이 들지만, 똥으로 에너지를 만든다면 우리 모두가 일종의 발전소가 될 수 있다. 모든 인간이 생태비료와 생태적 에너지원이 되는 것이다. 국민 대다수에게 의미 있지만 시장에서 제대로 평가하기 어렵다면, 국가가 적절히 개입하여 조정하면 된다. 그것이 국가의 중요한 역할이니까.

경제적 가치가 많고 적음을 떠나서 비비변기와 똥본위화폐는 여전히 유효하다. 세계시장의 확립에 따라 전 지구적 차원에서 진행되고 있는 무한경쟁에 고통받고 있는 다수에게 똥본위화폐는 인간으로서의 자존감을 획득하는 데 기여할 수 있다. 똥과 돈을 잇는 똥본위화폐의 비전은 고도 실업사회에서 소외되는 모든 인간에게 심리적 위안을 줄 것이다. 예컨대, '일하지 않는 자 먹지도 말라'는 시대에 뒤떨어진 금언이 바뀔 수 있다. 이 명제는 인간 노동이 주된 생산력이던 시대에 만들어졌다. 하지만 산업혁명에 의해 육체노동의 상당 부분을 기계가 떠맡게 되었고 (블루칼라 노동의 저렴화), 정보혁명과 인공지능 등으로 정신노동마저 기계가 대체해버리는(화이트 칼라 노동의 저렴화) 오늘날에는 더 이상 적용되기 어렵다. 일하고 싶어도 일자리가 없는 상황에서 '일하지 않으면 먹지도 말라'니 말이 되겠는가. 이제 '똥 누는 자 먹을 권리 있다'는 선언이 필요하다. 이 새로운 시대적 선언은 특히 '노동의 종말'(제러미 리프킨Jeremy Rifkin) 사회를 맞아 취업난에 시달리는 젊은이들에게 이런 속삭임이 될 수 있지 않을까. "일자리가 없어도 괜찮아. 직업이 없다고 해서 쓸모없는 존재인 건 결코 아니야. 너무 영혼까지 탈탈 털어 넣지 않아도 돼. 우리가 삶을 견뎌내기 위해서 태어난 건 아니잖아."

똥의 값을 받는 일은 그리 낯선 일도 아니다. 실제로 똥오줌이 비료로 활용되던 전근대의 동아시아에는 똥 장수들이 있었다. 이들은 똥이 남아도는 도시에서 똥을 사들이고 농촌에 되팔아 이윤을 얻었다. 아예 화폐의 매개 없이 배추 같은 농산품과 똥을 직접 교환하기도 했다. 이 시기 똥의 순환은 생태적이었고, 작은 기술이었으며, 도시 빈민의 삶에도 조금이나마 도움이 되었다. 적어도 적자 요인은 아니었다. 그러니 이제 '똥 값'을 제대로 쳐서 받게 해보자는 것이다.

현재의 수세식 변기 시스템은 모든 인간을 귀한 음식을 먹고 '쓰레기'나 배출하는, 일종의 오염원 같은 구실을 하는 존재로 만들어버린다. 그러나 비비변기에서 똥을 누게 된다면, 우리 모두는 우주의 거대한 순환에 순기능하는 존재가 될 수 있다. 이 느낌은 화폐로 계량되지 않는다 하더라도 우리의 생태적 정체성 확인에 매우 소중하지 않겠는가.

수세식 변기를 사용하면서 생태적 죄책감을 느끼는 사람은 거의 없다. 너무나 익숙해졌기 때문이기도 하고, 우리의 똥이 어떻게 처리되어 환경에 부담이 되는지를 눈으로 볼 수 없기 때문이기도 하다. 보이지 않는 것은 잊히게 마련이다. 유니스트(UNIST) 캠퍼스에는 비비변기 시스템을 구현한 생활형 실험실(과일집)이 있다. 이곳에서는 변기에 눈 똥이 진공펌프로 발효탱크까지 이동하는 경로를 볼 수 있는데, 관의 일부를 투명하게 만들었기 때문이다. 우리 근대인의 시야에서 추방해버린 똥을 다시 가시화하기 위한 도발적인 디자인이다. 이처럼 '똥의 불가시성'을 일부라도 제거한다면, 한 걸음 나아가 내가 싼 똥이 화학약품 범벅이 되어 버려지고 바다가 부영양화와 녹조로 신음하는 장면들을 눈앞에 보여줄 수 있다면, 현재의 수세식 시스템의 생태적 문제 또한 좀 더 강력하게 실감할 수 있게 될 것이다.

그러나 과일집 이용자들 중에는 자기 똥을 보기 싫다는 반응이 적지 않아서, 똥을 볼 것인지 가릴 것인지를 선택하도록 관의 디자인을 바꿀 수밖에 없었다. 관습의 저항이 얼마나 강력한 것인지, 비비변기의 정착을 위해서는 공학뿐 아니라 문화적 노력이 얼마나 중요한지를 입증하는 작은 사례이기도 하다.

경주 선덕여고 학생들과 교사는 동아리를 만들어 생태변기를 사용한 바 있다. 똥을 비료로 만들어 화단도 가꾸었다. 일부러 학교에 와서 똥을 누는 학생들도 적지 않게 생겨났고, 학생과 교사 사이에도 똥의 대화는 스스럼없는 일이 되었다. 선덕여고 졸업생 이채연은 이렇듯 아무렇지 않게 똥을 얘기하는 관계를 "똥을 튼다"고 표현했다. 말을 트면 스스럼없이 지낼 수 있게 된다. 감수성이 가장 예민한 시기의 여고생이 '똥을 트는' 사이가 되면 어떤 일이 일어날까? 성적과 등급을 놓고 경쟁하던 학생들 사이의 관계에서도, 학생과 교사 사이의 위계적 관계에서도 큰 변화가 생겨났음을 짐작하기 어렵지 않다.

비비변기에 똥본위화폐가 결합되면 훨씬 더 긍정적인 변화를 불러올 수 있을 것이다. 필자가 인터뷰한 어떤 젊은이는 이렇게 말했다. "똥이 돈이 될 수 있다고요? 그러면 똥은 더 이상 더러운 것이 안 될 거예요. 생태에 기여하는 일도 보람 있겠지만, 살기 힘든 요즘 똥으로 조금이라도 돈이 생길 수 있다면 정말 좋겠어요."

물론 사이언스월든의 비전이 이 젊은이의 말처럼 '똥이 내 지갑을 불려줄 수 있게 된다'는 수준에 머무는 것은 아니다. 오히려 똥본위화폐를 통해 기존의 화폐제도가 만들어놓은 세계와는 근본적으로 구분되는 새로운 세상을 만들기를 기획한다. 그 새로운 돈은 많은 대안화폐 주창자들이 말하는 것처럼 이윤을 목적으로 하지 않고 축적되지 않으면서, 물질적 정신적 재화를 교환하고 소통하는 효율적인 수단이 될 수 있도록 설계됐다. 그런데도 '똥도 돈이 된다면 전혀 더럽지 않을 것'이라는 이 젊은이의 반응은 매우 현실적이고도 절절하다. 또한 많은 사람들에게서 나타나는 반응으로 예상된다는 점에서 소중하다. 변화란 그렇게 시작될 것이니까. '거대한 전환'이란 현실 속에서 개개인의 체감으로부터 시작될 수밖에 없을 테니까.

비비변기와 똥본위화폐가 실생활로 스며들기까지 넘어야 할 산이 많고 높다. 예컨대 현재의 수세식 변기를 뜯어내고 비비변기를 새로 설치하는 데만도 적잖은 돈이 든다. 우리는 그럴 만한 충분한 돈이 없으니, 궁여지책으로 똥본위화폐 실험만 따로 진행했다. 물론 '변기 없는 똥본위화폐'라는 실험은 '팥소 없는 찐빵' 같은 것임에도 제법 의미 있었다. 온라인에서 똥본위화폐 플랫폼을 만들고, 똥본위화폐의 돈인 '꿀'로 물품과 서비스를 교환할 수 있는 '꿀샵'을 실험적으로 운영했다. 유니스트가 있는 울산 지역을 비롯해 똥본위화폐의 새로운 상상력에 호응하는 이른바 전국의 '똥 시민'들이 꿀샵에 입점했다. 김밥값의 일부를 꿀로 지불했고, 쓰지 않는 물품도 교환했으며, 음악회나 미술작품의 향유 역시 '똥값으로 받은 꿀'로 지불하게 했다. 실제로 발생한 교환 실적은 미미했지만 현실화폐 없이도 유용한 재화들의 교환이 가능하다는 사실만은 입증되었다.

물론 '변기 없는 똥본위화폐'는 아직 부족한 점이 많다. 무엇보다 비비변기를 현실 속에서 설치하기를 지향하는 과도기적인 것이며, 언젠가 변기를 설치하기 위한 추동력을 그 시스템 안에서 충분히 확보해야 할 것이다.

4. '똥이 곧 하늘이다'

어린아이에게 똥은 매혹이다. 동화책에서 똥이 매우 인기 있는 소재인 것만 봐도 짐작할 수 있다. 지그문트 프로이트의 해석에 따르면 어린아이에게 똥은 부모에게 주는 선물 같은 것이었다(항문기에 점차 멀리해야 할 것으로 훈육될 뿐이다). 잘 먹고 잘 누기만 해도 부모는 아이를 칭찬했으니, 존재와 생명 그 자체만으로 축복받았던 셈이다. 존재 자체가 서로에게 축복인, 그야말로 낙원 같은 시기는 누구에게나 있었다.

이와는 대조적으로, 얼마 전 한 일본 작가는 암 선고를 받았을 때 "더이상 돈을 벌지 않아도 되겠구나" 하는 안도감을 느꼈다고 한다. 어린아이와 성인이라는 차이만으로는 설명할 수 없는 격차를 확인한다. 사정이 이러하니 젊은 세대가 결혼과 출산을 거부하는 사회가 되어버린 것은 당연한 일일 수도 있겠다. 경제지상주의는 이처럼 인간의 내면과 사회의 가치마저 송두리째 변화시켜버린다. 그동안 우리는 어떤 길을 걸어 이런 지경에 이르게 되었을까.

예부터 동아시아에서는 농사에 똥을 폭넓게 활용했으면서도 악취가 심하고 각종 전염병의 원인이기도 해서 똥에 대한 매혹과 혐오가 공존했다. 줄리아 크리스테바(Julia Kristeva)가 말하는 비체卑體(abject)의 개념은 이런 양가성을 강조한다는 점에서 똥의 속성에 자못 적실하게 맞아떨어진다. 그러나 근대 서구적 위생담론에 의해 똥에서 매혹은 제거되었고 오로지 비천한 것으로만 인식되는 급전환을 맞는다. 식민지 시기 위생담론은 과학의 이름으로 똥의 매혹적 측면을 제거했고 화학비료는 그 대체재로 제공되었으며, 조선총독부 역시 각종 정책을 통해 똥을 밀어내고 화학비료를 보급하였다. 그 결과 똥은 오로지 혐오의 대상이 되어버렸다. 일제는 질소비료공장을 통해 더 많은 식량과 화약(질소는 화약의 주원료이다)을 얻었으며, 노구치野口 자본은 더 많은 부를 대중으로부터 수탈하면서 인간에게 공해병을, 자연에는 오염을 안겨주었다. 물론 위생의 증진과 생산량의 급증을 이루기도 했다.

1988년 서울올림픽을 계기로 수세식 화장실 및 하수종말처리 시스템이 거의 완벽하게 보급되었고, 그 결과 똥은 가치 없는 것의 상징으로 확고해졌다. 비천하기만 한 것으로 전락해버린 똥은 은유를 통해서 인간들을 계급화하는 상징적 기능을 지닌다. 가장 대표적인 동일시 대상은 농민과 빈민이었다. 그들에게서 즉각적으로 확인되는 더러운 외모와 불쾌한 냄새는 고통스러운 삶을 짐작게 해주는 표지가 아니라 위생관념의 부족을 말해주는 것이 되었다. 방영웅의 소설 『분례기』에 등장하는 '똥례'는 그 이름만으로도 반어적이지만 그 사례 중 하나이며, 얼마 전 귀순한 북한 병사에게 발견된 기생충을 놓고 벌어졌던 우리 사회의 반응 역시 그렇다. 더러움의 감각은 차별과 혐오를 정당화하는 일상적 기제로 자리

잡은 것이다.

신자유주의 시대를 맞아 경쟁이 고도화되면서 똥은 더럽기만 한 게 아니라 똥을 누는 행위는 귀찮고 번거로운 일이라는 인식까지 생겼다. 출근시간에 쫓기는 회사원들, 학업에 시달리는 고교생들, 화장실 가려면 허가를 받아야 하는 마트의 캐셔 등이 대표적이다. 변비와 오줌소태에 걸리거나 기저귀를 차고 노동하는 사람들이 늘어난다. 점차 더 많은 인간에게 똥은 더 이상 선물이기는커녕 몸의 자연스러운 순환작용도 아닌 것, 근면한 노동을 방해하는 것 정도로 인식되고 있다. 신자유주의 시대의 똥 인식은 자기 몸의 자연스러운 대사작용에 대한 부정과 혐오로까지 이행된 것이다.

강화된 노동강도를 기준 삼아 내 몸을 평가하는 인식적 전도현상이며, 마침내 자기혐오로 이어진다. 모든 인간의 시간이, 생명 자체가 자본에 팔려나간 결과이니, '노예적 시간'의 지배라고 할 것이다. 자기경영적 주체(미셸 푸코)가 되어버린 '시간노예'는 먹고 싸는 자신의 시간마저도 아까워하고 귀찮아한다. 자본의 기준을 주인의 기준으로 승인하면서 자기 자신의 생명, 가장 기본적인 물질대사를 비천한 것으로 여기는 세상이 오고 만 것이다.

만일 사이언스월든의 상상력이 실현된다면 어떤 세상이 될까. 똥이 과학적 처리에 의해 자원으로 환원되고 다시 돈을 매개로 삼아 자신의 삶을 영위할 재화들을 구입할 수 있게 된다면 어찌될 것인가. '똥 싸는 자 분배 받을 권리가 있다'는 선언이 실현된다면 어찌될 것인가. '선물로서의 똥'이라는 감각, 자신의 몸에 대한 긍정이 재생될 가능성 또한 열리지 않을까. '똥=비체=빈민'의 감각도, 시간노예적 인식도 희미해지고, 그리하여 마침내 우리의 삶도 조금씩 바뀌어갈 것이다. 동학의 창시자 수운 최제우는 '밥이 곧 하늘'이라 했거니와, 밥이 하늘이라면 마땅히 똥도 하늘이다. 아마 수운은 굳이 시시콜콜 말할 필요가 없어서 생략했겠지만.

5. 사이언스월든, 미완의 기획

사이언스월든의 기획은 자못 커다란 포부와 넓은 시각에서 시작되었다. 인문사회팀의 연구자들이 3~4년 동안 함께 작업할 수 있었던 것은 이 기획에 동의하고 심지어 매혹되기까지 했기 때문이다. 곳곳에 전 지구적 위기의 징후들이 감지되는 속에서도 일상에서는 그저 자신의 좁은 연구 주제에 갇혀 있던 우리에게 이 기획은 인문학의 존재 의의를 다시 성찰하게 만드는 일이기도 했다. 전 지구적 위기와는 거의 관련 없이 기존의 연구 주제를 반복해오던 관성에서 벗어날 수 있게 했다. 나의 담론적 작업이 뭔가 존재 자체의 위기에 대응하는 것이라는 생각에 두근거리기까지 했다.

물론 갈 길은 멀고도 멀다. 사이언스월든은 미완의 기획일 뿐이다. 초기의 대학 실험실(생태변기를 이용한 학생에게 커피 쿠폰을 주는 등의 실험은 꽤 성공적이었다)을 벗어나 사회에 적용하기 위해 다양한 시도를 열정적으로 해왔지만, 미미한 성과만 거두었을 뿐이다. 이렇듯 미완임에도 불구하고 그 시도 자체만으로도 다음 몇 가지 점에서 매우 큰 의미가 있다고 본다.

첫째, '쌍둥이 위기'의 동시적 완화에 기여할 수 있다는 점. 문명적 위기가 심각한 만큼 이를 극복하려는 노력 역시 적지 않다. 그러나 빈곤퇴치운동과 생태운동은 서로를 깎아먹는 측면이 강하다. 빈곤퇴치운동은 흔히 생태환경을 침해하는 결과로 귀결되며, 생태운동이 민중을 더욱 가난하게 만들 가능성도 매우 크다. 이 때문에 사이언스월든은 빈곤과 생태위기를 한꺼번에 해결하는 데 기여할 가능성을 추구한다.

둘째, 융·복합적이고 자기반성적인 연구를 시도했다는 점. 위기가 강력한 만큼 그 대응 또한 모든 힘을 동원할 수밖에 없다. 분업화(또한 그 일부인 분과학문 체제)의 한계 속에 머물러 있다면 효율적 대응이 어려운 것은 당연한데, 현실은 안타깝게도 분과학문들이 제각각 따로따로 대응하는 상황이다. 인문사회학은 자기비판이 비교적 활성화되어 있지만 과학을 잘 알지 못하는데다가 주로 담론적 비판에만 머물고, 자연과학은 연구기금을 주는 자본과 국가에 이끌려가면서 자기 연구 주제를 스스로 설정하는 데 큰 한계가 있다. 학자들 사이의 경쟁체제가 본격화되면서 사정은 더욱 악화되었다. 짧은 시간 안에 연구 성과를 내기 위해 한없이 좁고 편협한 주제의 논문 양산과 실험에 골몰하는 경우가 대부분이다. 사이언스월든에 모인 공학자와 예술가, 인문학자, 사회학자들은 성과를 공유하고 고민을 나누었으며 서로를 격려했다. 한 공학교수는 이렇게 술회했다. "지금까지 끝없이 연구기금에 골몰해왔어요. 그래야 실험도 할 수 있고 제자들에게 장학금도 줄 수 있으니까요. 그렇게 살면서 막상 내

연구들이 '오늘 여기'의 내 삶에, 이웃의 삶에 어떤 의미가 있는지에 대해서는 잊고 있었어요. 사이언스월든에 참여하면서 이걸 새삼스레 깨닫게 되었지요." 결국 우리는 자본과 국가에 종속된 과학을 '시민과학'으로 되돌리려고 시도한 셈이다.

셋째, 대학 밖과 적극적 소통의 시도라는 점. 인문학이건 자연과학이건 대학은 사회와 충분히 소통하지 못했다. 사이언스월든은 담론 차원의 비판과 실험실 안에서의 연구에 그치지 않고 적극적으로 해결방안을 찾아내고자 했다. 팀장 조재원 교수는 똥거름을 퍼 나르기도 했다. 교수와 연구원들은 똥본위화폐의 실험적 도입을 설득하기 위해 지자체와 기업체 대표들을 찾아다녔다. 또 대학 주변의 김밥집 사장, 대학로 연극인, 청계천 상인, 대안학교, 대안공동체, 곳곳의 화가와 음악가들을 찾아다니기도 했는데, 이분들은 지자체나 기업과는 달리 기꺼이 동참해주었다. 많은 시민들이 "이대로는 안 된다. 뭔가 바뀌어야 하고 나도 기꺼이 동참하겠다"는 의지를 밝힌 것이다. 물론 성과는 미미했고, 벅찬 마음이 몇 번이고 좌절과 실망으로 바뀌기도 했지만, 그 시도와 경험 자체만으로도 의미가 작지 않으리라.

넷째, 탈식민적 성격도 띤다는 점. 똥비료의 전통이 가장 활발했고 가장 나중까지 남아 있던 곳은 주로 동아시아 지역이었다. 물론 근대화 이후 똥비료는 단지 근대 미달의 상징 같은 것으로 인식되기 시작했지만, 이는 근대 서구세계의 '문명과 야만의 이분법'에 포박된 사유방식에 불과하다. 인간은 먹고 싸는 물질대사 없이는 생존할 수 없다는 명백한 진실을 외면하면서 똥을 비천한 찌꺼기로 만들어버린 것이다. 밥과 똥의 엄밀한 구분법은, 서구와 비서구, 정신과 육체, 이성과 감성, 남성과 여성 등등과 마찬가지로, 무수한 대상들을 중심과 주변으로 가르는 이분법의 권력에 의해 강고해졌다. 바로 그렇기 때문에 똥을 순환시키고자 하는 사이언스월든의 기획은 동아시아적 똥비료 전통을 서구적 과학기술과 접목하여 재활성화하려는 시도라고도 할 수 있다.

다섯째, 이성과 감성을 포괄하는 문제 해결 시도였다는 점. 똥을 폐기물이 아니라 자원으로 바꿔내고, 이를 화폐를 통해 순환시키는 작업은 주로 과학기술의 이성성에 의존한다. 하지만 그 실현을 위해서는 똥(뿐만 아니라 똥의 은유적 동일시 대상이 되는 빈민·농민 등)을 더럽고 비천한 것으로만 인식하는 지배적 관념을 변화시키는 작업이 필요하다. 또한 이 기획이 실현되었을 때 우리의 삶이 어떻게 바뀔 것인가 하는 상상력 역시 사회적 변화를 추동하는 강력한 역능일 텐데, 이런 새로운 세계를 향한 상상력이 백일몽에 그치지 않기 위해서는 논리성이 함께 요구된다. 사이언스월든은 '똥만 싸더라도 나는 가치 있는 인간'이라는 비전을, 과학과 논리를 통해 구체적으로 제시하고자 했다.

서구적 근대가 만들어낸 세계체제는 자본주의와 민주주의로 대표되며 이 둘은 모두 인류사에 지대한 기여를 해왔다. 그러나 오늘날 생태위기와 빈부격차 등으로 이 세계체제는 막다른 골목에 직면해 있음이 분명하다. 자본주의적 탐욕은 위기의 근원이며, 민주주의의 현실은 이 위기에 전혀 효율적으로 대응하지 못하고 있다. 그런 맥락에서 과학과 자본이라는 근대 이후 가장 강력한 힘으로 대두된 역능을 인간과 뭇 생명을 위해 복무하도록 만드는 일은 핵심적 과제이다. 서구 과학의 효율성과 동아시아 똥비료 전통의 새로운 만남을 통해, 그리고 분과학문 체제에 갇히기를 거부하고 대학 밖의 사회와 소통하면서 사이언스월든은 이를 시도했다. 물론 서툴기도 했고, 눈은 높고 손은 미처 따라주지 않기도 했으며, 너무 거대한 과제라 제대로 감당하기 어렵기도 했다. 하지만 최소한 이렇게는 말할 수 있다. 미완성이라 해서 어찌 그 시도 자체가 의미 없겠냐고.

6. 식인의 '무쇠방'에서 벗어나기

오늘의 세계체제는 루쉰이 말했던 '식인'의 삶(『광인일기』)을 전 지구인에게 강요하고 있다. '만인의 만인에 대한 경쟁'은 이제 매우 자연스러운 것으로 받아들여지고 있다. 친구가 시험을 망치면 나의 내신등급이 오르고, 옆집 생태탕집이 망해 나가면 이웃 음식점 사장은 남몰래 웃음 짓는다. 더욱이 인류는 모든 생명과 자연을 송두리째 수탈하면서 살아가고 있어, 루쉰은 상상조차 할 수 없었던 생태위기까지 겹쳐버렸다.

내친 김에 루쉰에게서 하나 더 빌려오자면, 오늘의 '식인'은 '무쇠방' 속에서 일어나고 있는 셈이라 하겠다.

"가령 창문이 하나도 없고 무너뜨리기 어려운 무쇠로 지은 방이 있다고 하세. 만일 그 방에서 많은 사람들이 깊이 잠이 들었다면, 얼마 지나지 않아 숨이 막혀 죽을 게 아닌가. 그런데 이렇게 혼수상태에 빠져 있다가 죽는다면 죽음의 슬픔을 느끼지는 않을 걸세. 지금 자네가 큰 소리를 쳐서 잠이 깊이 들지 않은 몇몇 사람을 깨워, 그 불행한 사람에게 임종의 괴로움을 맛보게 한다면 오히려 더 미안하지 않은가?" 그러자 친구는 이렇게 반문했다. "하지만 몇몇 사람들이 일어난 이상, 이 무쇠방을 무너뜨릴 희망이 전혀 없다고는 말할 수 없지 않은가."

—루쉰, 『외침』.

식민화의 운명에서 벗어날 가능성이 거의 없다고 판단했던 루쉰은 이 친구의 반론이 그럴싸하다고 판단했고, 그래서 쓴 첫 소설이 바로 『광인일기』(1918)였으며, 식민지로 전락할 위기에 놓인 중국을 구원해낸 주된 힘 중 하나였음은 널리 알려진 바다. 사이언스월든의 작업은 이와 비슷하다고 할 수 있다. 자본과 국가라는 가장 강력한 체제를 모든 생명을 위한 것으로 갱신하겠다는 시도는 무모한 일일 수 있겠지만, 그래도 가만히 있기만 할 수는 없다는 선택이다.

우리는 안다. 루쉰의 외침은 결코 헛된 것만은 아니었음을. 인류의 역사는 바로 이런 과정을 거쳐 숱한 절망을 통과해왔음을. 마르크스의 말대로 "우리는 세상을 바꿀 수 있지만, 우리가 선택한 세계 속에서 그렇게 하는 것은 아니다."

사이언스월든은 '쌍둥이 위기'에 직면하여 현실 속에서 강력한 역능인 과학기술과 화폐를 통해, 그리고 사회의 다양한 구성원들과 소통하면서 대응하고자 했다. 대학의 실험실에서는 제법 성공적이었지만, 사회속에서 실험의 성과는 아직 미미하다. 오늘날 우리를 지배하는 자본주의와 국가주의의 강고한 역능을 생각하건대 어찌 보면 당연한 노릇이다. 하지만 점차 많은 사람이 꿈꾼다면, 그것은 점차 현실에 가까운 것이 될 수 있지 않을까. 사이언스월든은 루쉰과 툰베리의 두 '외침'에 우리 나름대로 호응하고자 했다. 이 책 역시 그 멀고도 먼 비전을 향하고 있는, 작지만 의미 있는 한 걸음이라 생각한다.◉

— 한만수

이 책의 집필진

※ 필자는 이 책에 실린 글의 차례를 따랐다. 필자 이름 옆에 글 제목을 밝혔다.

최진석_ 1장 | 배설의 신화와 문화

문학평론가, 수유너머104 연구원. 러시아 인문학대학교에서 문화와 반문화의 역동성을 주제로 문화학 박사학위를 받았다. 문학과 사회, 문화와 정치의 역설적 이면에 관심을 갖고 연구와 강의를 이어가고 있다. 『불가능성의 인문학: 휴머니즘 이후의 문화와 정치』, 『감응의 정치학: 코뮨주의와 혁명』, 『민중과 그로테스크의 문화정치학: 미하일 바흐친과 생성의 사유』, 『불온한 인문학』(공저), 『문화정치학의 영토들』(공저) 등을 썼고, 『다시, 마르크스를 읽는다』, 『누가 들뢰즈와 가타리를 두려워하는가?』, 『해체와 파괴』, 『러시아 문화사 강의』(공역) 등을 옮겼다. vizario@gmail.com

이 책에 실린 글은 2019년 12월 7일 인문사회팀 학술대회에서 「배설의 신화와 문화: 르네상스 민중문화에 나타난 똥과 오줌의 이미지」라는 제목으로 발표되었다.

소준철_ 2장 | 1953~1973년, 서울의 똥

한국학중앙연구원 한국학대학원 사회학 전공에서 박사학위 과정을 수료했다. 사회사, 역사사회학과 도시사회학을 공부하고 있다. 특히 도시 서울의 발전 과정과 그 이면의 작동 사이의 관계를 탐구하고 있다. 대표 저서로 혼자 쓴 『가난의 문법』과 동료들과 함께 쓴 『절멸과 갱생 사이: 형제복지원의 사회학』이 있다. 연구논문으로는 「정부의 '자활정책'과 형제복지원 내 사업의 변화」를 썼다.

이 책에 실린 글은 2019년 12월 7일 인문사회팀 학술대회에서 발표한 「서울의 똥오줌 수거체계의 재형성과 변화」를 기초로 했다.

한만수_ 3장 | '밥-똥 순환'의 차단과 '두엄-화학비료'의 숨바꼭질

맺는 글 | '쌍둥이 위기'와 사이언스월든의 기획

동국대학교 국어국문 문예창작학부 교수로 재직 중이다. 인문학협동조합 이사장, 한국어
문학연구학회 회장, 동국대학교 한국문학연구소장, 『경향신문』 기자, 순천대학교 교수 등
을 역임했다. 한국현대문학을 전공했으며, 문학 검열, 문학과 자본 등에 관심을 가져왔
다. 『삶 속의 문학, 독자 속의 비평』, 『태백산맥 문학기행』, 『잠시 검열이 있겠습니다』, 『허
용된 불온: 식민지 시기 검열과 한국문학』 등의 저서가 있다. hanms58@hanmail.net
이 책에 실린 글은 『상허학보』 60집(2020)에 실렸던 「'밥·똥 순환'의 차단과 '두엄·화학
비료'의 숨바꼭질: 1926~1939년 소설의 똥 재현 양상을 중심으로」를 수정, 보완했다.

전혜진_ 4장 | 더러운 똥, 즐거운 똥, 이상한 똥

한양대학교 에리카 창의융합교육원 강사이다. 한양대학교에서 국어국문학으로 박사학위
를 받았고, 아주대학교 의료인문정신분석 전공 박사과정에 있다. 2020년 엘릭시르 미스
터리 대상 비평 부문에 입상하여 추리 장르 평론가로 활동 중이다. 최근의 관심 주제는
라캉 정신분석 이론과 임상이다. 대표 논저로는 「이광수 문학에 나타난 주체구성 과정과
상징적 네트워크로서의 근대 경제 체제 연구」와 역서 『프로이트와 볼셰비키: 제정러시아
와 소비에트연방에서의 정신분석』이 있다.
이 책에 실린 글은 2019년 12월 7일 인문사회팀 학술대회의 발표문을 바탕으로 했다.

박정수_ 5장 | 똥-돈-삶

노들장애학궁리소 연구자로 활동하고 있다. 또한 노들장애인야학 철학 교사로, 2021년
에는 장애인의 관점에서 그리스 비극을 강독하고 있다. 장애인 언론 『비마이너』의 객원
기자이고, 아내에게 임금을 받는 가사돌봄 노동자이기도 하다. 대학에서 교양과목을 가
르치고, 간간이 책을 쓴다. 최근에 『장판에서 푸코 읽기』를 냈다.
이 책에 실린 글은 2020년 1월 31일 인문사회팀 학술대회에서 「똥에 대한 생산적 공통
감각을 위하여」라는 제목의 발표문을 바탕으로 했다.

김성원_ 6장 | 수세식 화장실, 그 적정하지 않은 기술

철학을 전공했으며, 현재 Play AT 연구소장으로 일하고 있다. 지속 가능한 사회의 기술과 공간에 관심을 가지고 적정기술과 생태기술, 놀이터와 학교 공간 디자인, 공공장소 분야를 연구하면서 끊임없이 실천 활동을 하고 있다.

이 책에 실린 글은 2020년 1월 31일 인문사회팀 학술대회에서 「똥오줌 순환의 적정기술과 도시의 전환」이라는 제목으로 발표되었다.

차민정_ 7장 | 아이들은 왜 똥을 좋아할까

현재 수원시 화장실박물관 '해우재' 학예실의 전시 기획자로 재직 중이다. 미술철학을 전공했고, 최근의 관심 주제는 목욕을 주제로 한 명화이다. 대표 논문으로는 「조르주 바타이유의 에로티시즘과 여성이미지의 변화」가 있다.

이 책에 실린 글은 2020년 1월 31일 인문사회팀 학술대회에서 「아이들이 똥을 좋아하는 이유: 해우재 방문객을 중심으로」라는 제목의 발표문을 바탕으로 했다.

오영진_ 8장 | 행성적 차원에서 인간의 배설과 순환을 생각하기

2015년부터 한양대학교 에리카 교과목 '소프트웨어와 인문비평'을 개발하고 『기계비평』의 기획자로 활동해왔다. 컴퓨터게임과 웹툰, 소셜 네트워크 등으로 대변되는 디지털 문화의 미학과 정치성을 연구하고 있다. 시리아 난민을 소재로 한 웹반응형 인터랙티브 스토리 〈햇살 아래서〉(2018)의 공동개발자, 가상세계에서 비극적 사건의 장소를 체험하는 다크투어리즘 〈에란겔: 다크투어〉(2021)의 연출자다.